U0067171

AQUARIUS

AQUARIUS

AQUARIUS

AQUARIUS

Vision

一些人物，
一些視野，
一些觀點，
與一個全新的遠景！

鋼索上的家庭

以愛，療癒父母帶來的傷

陳鴻彬
（諮商心理師）

謹以此書獻給我的家人與在天上的大姊

【推薦序二】

在愛的療癒中，找到回家的路

卓翠玲（諮商心理師公會全國聯合會衛生醫療事務委員會召集人；彰化縣少年輔導委員會主任督導）

看著書的前言，我已潸然淚下，是難過、是感動、是心疼、是滿滿的讚佩，也是內在深處的情感被觸動著的真情流露。那文字的魔力是踏實前進的汗水與淚水堆砌而來的，那觸動人心的故事是炙熱真誠的心與心的靠近所共構出的生命經驗。沒有真真實實地苦過、痛過，堆砌不出這樣觸動人心的文字，沒有徹徹底底地愛過、付出過，建構不出這樣牽動著內在情感的故事。

認識鴻彬近二十年，知道他的一些生命故事，也時常在網路上閱讀他寫的文章，再一次看著書本裡的故事時，我依然深深地被觸動，一個故事接著一個故事讀下去，捨不得停下，卻也在每個故事的結束時，不得不暫時停下來、深呼吸一口氣，讓被觸動的情緒在流動後回到大腦去省思與統整一番。每一個故事都是一次與自我內在的連結及情緒的再體驗，每篇故事後的療心練習都是一次的自我療癒與自我賦能。這兒的故事不只是故事，有可能是你我曾經的痛，有可能是發生在你我身邊的真實，然而藉由浸沁在故事中的情緒流動及自我療心，我們得以在自我滋養中，重新做回自己，找到前進的力量，甚至能給出豐厚的愛，建構出更美好的關係。

長期從事助人工作，長期面對一個個受挫的心靈，我深深知道「家庭會傷人」。然而，看著一個個受挫的心靈在滋養的關係中學會重新養育自己，找到了面對困境的勇氣與方法，我也深信「沒有過不去的難關」。只要在愛的關係裡滋養，只要找到適當的方式，每一個受挫的心靈都可以得到養分，好好地長大，有力量面對生活中的挑戰，甚至創造出美好。而鴻彬的故事裡提供了養分與方法。

身為心理師，我最常服務的場域是醫療單位與監所，一樣的受挫、一樣的痛苦，卻有著極端不一樣的呈現方式——進醫院的一群傷了自己，進監所的一群傷了別人。病床與鐵窗——那兒有著最傷痛、最攪動人心的故事，卻也有著最堅毅的復原力量與最不可思議的改變。別人看到的可能是脆弱與凶狠，而我卻看到每一個企盼得到愛的心靈。當他們得以在愛的關係裡重新獲得滋養、重新養育自己，他們往往也學會原諒給不出愛的父母、原諒他人當時的不得不，學會珍惜、學會感恩，學會以自己的力量好好地過生活，甚至學會愛自己與他人。而鴻彬的故事裡告訴你如何好好地給出愛。

看到這兒，是不是迫不及待想翻開書本，一睹為快？且慢且慢，再給我幾秒鐘談談作者。

有多一點的認識，深信你更能隨著作者的筆觸，進入故事的精髓裡感受與省思。

盡責與超越：名副其實的人小志氣高（個兒不高，做事卻很有本領）的鴻彬，一個堅毅努力過生活的人，總把每件事做到最好，不讓任何人擔心，可以很快地放手給他、完全地信任他。大學時代的他曾是我的小助理（部分工時）卻能肩負起專職人員的工作。個兒不高、年紀不大的他，做什麼像什麼（輔導老師、心理師、攝影師、作家……等），而且一不小心就會超越眾人，站在高峰上。這樣的特質，讓他在關係中清楚知道界限，努力為當事人謀福祉，也總能在看似平常的對談中穿透表層去接觸一個人的內在。

承擔與付出：鴻彬，一個承擔了就一肩扛起責任，用心對待別人，認真裡有著小幽默，能自娛娛人的人。當年的他只是個大學生，只是個小助理，卻總是像個媽媽一樣關照、提醒著他的小主管——我，要按時吃飯，很盡責地打點著彰化張老師中心的事務，年輕的身軀中藏著超齡的古老靈魂。身為志工督導時，我最愛看他的紀錄，總是那麼地細膩、真實而有趣，嚴謹中帶著風趣的文字，讓人看了不禁會心一笑。這樣的特性，讓他身邊的人總能感受到被照顧的溫暖，也總能在他的小幽默裡談笑風生，以一個新的狀態、新的視角重新去看待困境、看待自己，彷彿他能幫你一起扛著生命中的重擔，而你因此學會輕鬆走人生路。

我深信，身為他的家人，是幸福的。身為他的朋友，是幸福的。身為他的學生，是幸福的。身為他的個案，是幸福的。當然，身為他的讀者或是粉絲，也是幸福的，是不？

【推薦序二】

尊重與接納鋪成回家的一條路

郭麗安（彰化師範大學輔導與諮商學系教授；台灣女性學學會理事長）

長成自己想要的樣子從來就不是件容易的事，尤其是台灣家庭養育出來的孩子。

十幾年前，我跑到大學部，教大四學生如何做家族治療。選修的學生很多，多到快要溢出教室，最終我放棄了要能叫出每個學生的名字這件事。但有個總坐在第一排的男生，很快就讓我記住了他瞇瞇笑的靦腆模樣。由於班上學生太多，許多需要發給全班的補充閱讀資料，我便指定這個靦腆男生來當我的分發幫手。

不久之後，由於幫手做得十分盡力，不僅未曾弄丟過一分教材，且總是笑臉迎人，我便給了他一個叫做「我的小廝」的綽號，至此，確認我我們師生十多年的互動模式：「我的小廝」對於我交付之任務，總會全力以赴。而小廝希望老師做的事，老師也從未拒絕，包括十年後，他回來唸研究所，我一口就答應當他的「老闆」，指導他的碩士論文。師生過去多年的互動，「我的小廝」真的催生出了「小廝的老闆」的對應角色。

「小廝」與「老闆」的角色，理應威權僵化，可我們很小心地維持了彈性可滲透的界線，因為我們都知道，我們對自己應有的樣子的堅持，不容侵犯。鴻彬大學畢業後，去流浪，拒絕已然擺在面前的當老師一條路。雖然我所任教的系四年來都在培養他擔任一位專業的輔導老師，但他告訴我這件在眾人眼光中「浪費國家教育資源」的事時，我沒擺出老闆的樣子，我說好喔；流浪過後，他回到教育領域工作，週末假日，拎著相機幫朋友拍婚禮，常與我分享他在鏡頭底下觀察到的新人的家庭系統，我說很精采喔。有一天，他說他要來唸研究所了，想研究台灣的家庭在婚禮準備過程中所展現的樣貌，我說好喔。他接著說，那你願意指導我嗎？我說：這是我的榮幸。

當年在系上總是成績殿後的「我的小廝」，碩士論文一寫寫了很久很久，斷斷續續似乎沒個盡頭。我沒催他，只想分享、確知他每個階段堅持的樣子是他要的。

鴻彬終於寫完了一本碩士論文。除了學術結構完整外，還表現了強大的駕馭文字的能力。我心中知道，有這種文思，一旦受到啟發，下個階段的鴻彬，理應要當作家去了。

是的，鴻彬出書了。他用家庭系統的概念，輔以專業的輔導訓練，加上細膩敏感的心思，以及流暢的文筆，告訴我們一個又一個掙扎於家庭期望與長成自己樣子間的拔河的故事。當他用簡訊問我，能不能幫這本有趣又有意思的書寫序時，我除了說好喔，也加上一句：這是我的榮幸。

每個青少年的重要他人，尤其是父母，給出接納與肯認，再加上一些耐心，我們便能接近與影響孩子；而能與孩子親近，才是當父母的最大回報。鴻彬的這本書，對於我們如何與家人接近，給了上述精準的答案。

【推薦序三】孩子，你受的傷，有人懂

蘇絢慧（諮商心理師；作家）

家，是我們來到這世界的第一站，我們在這裡接受照顧，也接受影響。許多時候，家，成了我們一生無法卸下的包袱，成為我們一生必須要承載的負荷，卻也是我們內心最牽掛，也最在乎的地方。

那些負荷及牽掛，許多時候是有形的，也許是經濟的負荷，也許是必須背負照顧責任的牽掛。但還有許多的負荷及牽掛，是無形的，關於情感上的；不論是期望與失望、要求與虧欠、情緒壓力與承受……而那些情感上的負荷及牽掛，總是那麼容易讓我們產生自責和罪惡感，分不清究竟是我的失責，還是你的失能？是我的自私，還是你的依賴及控制？

家，一直是我們人際關係紛紛擾擾，備受痛苦煎熬的最源頭之地。我們受家影響及塑造，

無人能倖免，也無人能擺脫。

我們當然希望「家」及「父母」會是我們來到這世界，經驗到愛及溫暖的永恆安全堡壘，讓我們在外不管經歷到什麼風雨打擊，都有一個安全安穩的歸處，容我們療傷、容我們修復。然而，若是這個家，並不安全，且帶給了孩子最大的傷害、最猛烈的攻擊，及最深的拒絕……那麼，這個孩子，在這個世界上，要怎麼確保自己可以安心地長大？無條件就值得存在？

當我接到小彬老師的邀請，為他的新書推薦，我認真地閱讀他寫下的文字，還有他所說出的故事，感覺到他對孩子有很深的情感，也對家有很深的理解。我相信，有非常大的原因，是因為小彬老師是一位很用心在凝視自己生命的人（他自己生命的故事，尤其讓我動容）。關於那些說得出的情感，還是壓抑在內心深處，無法鬆口說出的情感，都有著他真誠坦白的凝視，也細細地覺察辨識什麼樣的文化及世代影響，交織出我們的一言一行。

其實，家庭、父母、親子，是生命的永恆課題。沒有理想的父母，自然也沒有理想的家庭，但我們並不需要追逐夢幻般的理想，我們只需要從家庭經驗中，感受到愛與被愛，能夠真實地成為自己，也相信自己能被理解、被接納、被成全、被祝福。

但或許，這就是最難的；能在身為一家人的命運中，懂得善待和彼此扶持的真諦。畢竟，父母都帶著各自生命深沉的傷口，長大、結合、共組家庭，在建立屬於自己的家庭後，都想透過這新成立的家，滿足自己過去巨大的失落和痛楚；無論那是來自羞愧、貧窮、自卑、輕視、失去、無助，還是沮喪的生命經驗。在完全無覺知的情況下，就拋扔給孩子，要孩子補償、背負、取代、提供、滿足，或是成就。

孩子，因此沒有了自己的人生。

也可能一直失去機會，表達出內在真實的感受，真心想要實現的人生。

然而，如果你是一直處於自覺「失去自己人生」許久的孩子，你知道自己仍渴望擁有一個真心實意的人生，真正地擁有完整的自己，不再活在道德框架中、活在自責罪惡感中，或是活在麻木遠離感受中，那麼，給自己一個機會，讓自己受過的傷，能夠被懂……

這本書，就是一本能讓你受的傷，能夠被懂的書。懂你在原生家庭的為難和掙扎，和滿腹不可表達的辛酸和委屈，還有懂你心中想要真實的靠近愛和經歷愛的渴望。

【書序】

穿越死亡，重拾「擁抱」的溫度

從我有記憶以來，我不曾擁抱過我的父親。甚至，我跟母親之間，也僅僅一次。

在原生家庭裡，孩子表達親密情感的方式，深受父母與家庭教育的影響。只是，即使明白這與我父母自身不習慣與孩子有太多肢體接觸有關，心裡仍不免感到遺憾。而我，也自然而然長成典型華人文化下的男性模樣：堅毅、剛強、不習慣分享、不太感受自己的情緒，甚至在成年之後有長達六年的時間，沒掉過半滴眼淚。

在生命的殿堂裡，從頭開始學習陪伴

多年前，外公以九十二歲的高齡辭世。外婆在我母親剛出生沒多久，知道吃、喝、嫖、賭樣樣來的外公沒法給孩子們一個安定的家，所以將所有小孩往南部送，分別尋找願意暫時寄養的家庭。

包括我母親也是，被送到雲林一個靠海的鄉下，並且在那裡認識了我的父親。原以為母親會因此對原生家庭少點依戀，但長大後的母親，回到台北的家，面對逐漸年邁的外公、外婆，卻也不見生疏。孝順的她，對寄養家庭、原生家庭的父母，皆竭盡所能地照顧。

她總自豪地對我們說：我，有兩個娘家。因為她能理解：當年，她的母親何以會下這麼艱難的決定。她沒有選擇責怪任何人。只有在外公告別式的那一天，我們一起步行在石牌捷運站附近街道時，用手指了一整排的房子，轉過頭來看著我，悠悠地說：你知道嗎？這一大片土地，以前全是你外公他們家的。母子倆相視而笑。那是種會心的笑。她這輩子總擔心留太少給我，怕我這個獨子以後還要養他們，會太辛苦。

在我看來，她絕對有資格選擇怨懟，但她沒有。即便面對他的父親，想著當年若非因為他，毋需在極年幼的時候被迫遠走他鄉、備極辛苦，如此糾結與矛盾的情緒，她依舊選擇「放下」。

「孝順」這件事，她看似什麼都沒教，卻也什麼都教了。

參加外公告別式那一天，我們選擇徹頭徹尾地陪他走完最後一程，直至金山上的塔位定位為止。我的注意力不在我自己的悲傷，而是在我母親，一個辛苦了大半輩子，卻陸續遭逢失去至親傷痛的女性。

她的哀慟逾恆，我全看在眼裡。學了諮商輔導十幾年，上一次遭逢至親過世時，我卻還不懂得怎麼「陪伴」；不知道怎麼接觸別人，也不敢接觸。一個連自己都不太接觸的人，哪懂得什麼叫作陪伴？所以，我從學習「接觸自己」開始，從頭學習「陪伴」。於是乎，當我有足夠準備，抱住我那再度哀傷到昏厥的母親時，我突然發現：從我有記憶以來，我已經不曾跟我娘如此貼近。

「陪伴」這門功課，在莊嚴的生命殿堂前，感受母親的體溫裡，我終於稍稍懂了。

至於我的父親，在我的記憶裡，不只沒有父子擁抱的畫面，連他哭泣的畫面，也僅僅出現過一次。那是在他的大女婿前來娘家報喪時。

意志如鋼鐵般的父親，眼淚只為女兒潰堤

當年（在外公過世前幾年），他的大女兒，也是我的大姊，走得匆忙。

大姊的角色，在我家中的重要性，等同於「替代父母」。當父母為清償龐大債務，扶養我們五個小孩長大，每天凌晨四點多摸黑出門進工廠，近深夜十點送完貨返家（我們醒著的時候幾乎是見不到他們的），大姊一肩扛起教養的責任，每天像母雞帶小鴨一樣，打理我們所有的一切，從早上睜開眼睛，直到睡覺閉上眼。

國中畢業，自願提早進入職場幫忙家中經濟的她，我們這些弟、妹沒人敢頂撞她。只是，這個替代父母，不過才大我四歲。

上大學後，我第一次認識「親職化」這個詞，那瞬間，眼淚差點掉下來。

大姊結婚後，因夫妻倆工作地點離娘家近，加上家中尚有空房，所以住在家裡。對我而言，他們婚後家中不只沒少掉一個成員，還多了一個很懂得「愛屋及烏」的姊夫。

殷殷期盼了兩年，終於盼得懷孕消息。因害喜嚴重，在姊夫強迫下，她辭掉了工作，在家專心靜養。

那天，她感覺身體微微不適，由於姊夫還在上班，爸媽因著突來的大雨在搶收作物，體貼如她，只簡單地帶著證件、拎著一件薄外套，隻身前往醫院。

連同她自己在內，所有人都以為：那只是害喜的症狀之一，應該不打緊。然而，她卻從此不曾再「步出」醫院。直至十九天後的凌晨子夜，醫院通知家屬要領回已處在彌留狀態的她。而她既嫁為人婦，按閩南習俗，彌留時，回的不能是娘家，該是婆家。

凌晨三點半，急促的電話鈴聲把我喚醒，電話那頭只聽得到哭泣聲，連是誰的哭泣聲我都還沒分清楚，就一路飛奔回老家。遺憾的不是無緣見到那還沒到世上就已離開的小外甥，而是，連姊姊的最後一面，我都來不及見到，她就走了。

即便是生她的父母，在女婿尚未來報喪訊之前，都還不能前去弔唁他們最疼愛的女兒。家裡來了好多好多的人，來陪伴哀慟逾恆的母親；我陪著強忍悲痛的父親倚門望，等待姊夫來報喪。不過一個多小時，卻是我們父子倆此生以來，最漫長與悲慟的等待。

我想我永遠忘不了，姊夫一進家門，雙膝跪倒在地時重重敲在地板上的聲響。他跪在地上，抱著父親的大腿，幾近崩潰地不斷呼喊：「爸！對不起、對不起、對不起，我沒能照顧好您的女兒！」

那是我第一次看到爸爸嚎啕大哭、也是唯一的一次。

我們決定不讓淚水未曾斷過，持續歇斯底里的母親，去看姊姊。連她的告別式在什麼時候，我們都不敢讓她知道。我心中默默地說著：姊，憑我們的默契，我相信妳會體諒並理解我們為什麼這麼做的，不是嗎？

而在家裡，姊姊的去世，似乎從此成為家裡的「禁忌」。沒有人再提，也不會有人想提。然而，傷疤不去理它、祕密不提就沒事了嗎？當然不是。至少，每年她的忌日前夕，母親仍是偷偷掉淚。

阻隔了眼淚，卻阻隔不了哀傷

在那之後，有六年的時間，我不曾掉過任何一滴眼淚。姊姊離開後的哀傷失落情緒，更花了長達十二年，才走完整個歷程。

我深知，那與我自己內斂的情緒模式有關，更與我情緒內斂的父母有關。情緒的表達，在我的原生家庭裡，是低度流動的。父親巍峨如山的父愛，從不輕易流露，總是被隱藏得很好，好到有時候讓我感受不到溫度，只單憑理智上想著「父母應該都是愛自己小孩的，不是嗎？所以我父親應該也是愛我的。」

「父愛的存在」於我而言，向來是用理解的，不是用感受的。

從小，我的父母不曾擁抱過我，我也不曾索求過，因為我以為所有的父愛、母愛都長得跟我家一樣，所以視為理所當然。直到自己進入親密關係裡，花了好長一段時間，才對於「擁抱」稍稍感到自在。

熟悉「擁抱」的溫度，深切感受到「擁抱」所帶來的療癒力量後，我雖開始愛上了擁抱，卻仍一直不敢擁抱我的父母。直到外公的葬禮上，我第一次透過擁抱，感受母親的溫度。

但，與父親的第一次，我仍在等待；等待的，不是「時機」，而是等「父親更加自在」。當自己走過漫長的歷程，我更加明白：對一個鐵錚錚的漢子來說，在感受到擁抱的溫度之前，會先經歷「驚嚇」與「彆扭」的情緒，而後才有機會感受得到「溫度」。

長大，給了我們「愛回自己」的力量

我們，不一定都能有機會成為別人的「父母」，但必定都曾是別人的「孩子」，而且「小孩」的角色通常比父母角色更資深。

所有的孩子，生來無不希望能與原生家庭建立既深且厚的關係，令人遺憾的是：幼時我們感受到的不全然都是愛，有時夾雜著更多的傷痛、冷漠與疏離，因為有些父母真的給不起或不知道該怎麼給。

但親愛的：我們都常常忘記我們已經長大，忘了可以透過長大後的自己，陪伴自己走一段療癒的路，並用自己的力量，善用生命中的資源，把自己愛回來。

而無論你是否在故事裡找到你自己的影子，我都想跟你說：你，並不孤單！因為有我們，一起。

目錄

之二 原生家庭的傷害，像生命裡的黑洞……

目錄

之三 長大後的我們，其實有能力，把自己愛回來

之一

面對父母，我們都曾經傷痕累累……

父母愛我？還是愛我的成績？

——生涯被決定的孩子

這是我第一次參加個案的葬禮，也是至今唯一的一次。

而我，忍不住在心裡反覆想著：這一場葬禮，是不是有機會可以避免？

渾身是刺的孩子

「是我爸媽要我來的，但我不需要跟人談，你別白費力氣。」初次見面時，他說。活像隻刺蝟，卻也直率而坦白。

面對父母，我們都曾經傷痕累累……

「我明白，因為你的語氣已經傳達出你有多不爽。」我不受影響，倒是他自己聽了後忍不住「噗哧」一聲笑了出來。

嚴格說來，他不算是我的個案，更不是我的學生，純粹只是因為他的父母曾與我在同一個義工單位服務，有些許交情，所以希望我能夠與他們正就讀高三資優班的兒子談一談。至於這對父母的訴求，他們不好意思明講，但因為已被許多家長請託過，所以我心裡大概猜得出來。

「雖然我認識你爸媽，但我不是他們的『打手』，更沒有領他們的薪水，所以也毋須『效忠』他們。」我喜歡直來直往。

聽到「打手」、「效忠」這些字眼，他笑得更開了。

「你真的很有趣，跟其他我爸媽找來『輔導我』的人很不一樣，夠直白。」

「看來，我不只不是第一個『官方代表』，可能連十名內都排不進去？」我們相視而笑。

第一次見面的剩餘時間裡，就在聽他分享「遇過哪些種類的『官方代表』」中度過。

看著笑逐顏開的他，我知道：他的防衛，放下了。

資優生的原罪

從小到大，不只一路就讀資優班，在資優班裡更是名列前茅，大家都說他是「準醫科生」。這個向來孝順、聽話的孩子，讓這對父母很自豪。

但，特別的是：高中二年級以後，他的成績明顯滑落很多。「再這樣下去，怎麼上得了國立大學醫學系？」他父親憂心地說，母親則在一旁靜默不語。

與這孩子接觸幾次後，他學習上的天賦以及聰明的模樣，都令我印象深刻。我不禁萌生好奇：成績退步，是他「不為」？還是「不能」？

隔週見面時，我轉述了他爸爸的話。「奇怪，為什麼成績好，就一定得念醫學系？」他嘲諷地說，嘴角牽動了一下。

「那你愛什麼系？」我直接破題。

「生命科學系。」他回答得也俐落。

「但我爸媽眼裡只有醫學系，從來不問我喜歡什麼；即使我說過，他們也假裝沒聽到。」

「所以最好的方式，就是讓成績爛到上不了醫學系，就可以做自己。」我歪頭看著他。

面對父母，我們都曾經傷痕累累……

「我果然不能小看你！」他說完，偌大的空間裡，留下我們兩個人清朗的笑聲。

死諫

「學科能力測驗」（一種大學入學考試）成績公告後的隔天，他來找我。

他依舊拿了一個有機會錄取私立大學醫學系的成績；照理說，他應該會憂愁於「無法照自己的喜好填志願」。可是他沒有。

「你有什麼打算？」我問。

「我還是會照他們的意思填，繼續做他們眼中的好孩子。上大學後，再做回自己。」他表情漠然，不帶情緒，讓我有點不寒而慄。

我依稀感覺到些什麼不對勁。問他：「你打算怎麼做回自己？」

他笑著搖搖頭，喃喃地說：「你不會想知道的！」

沒想到，這也成了我們最後一次的見面。

我約了父母見面。但自從孩子的成績公告後，他們態度變得冷漠，多次以「忙碌」為由推託見面，直到我下最後通牒，留了訊息給他們：「如果你們還想要這個孩子，請主動與我約時間一聊。」

「他現在確定可上得了醫學系，雖然不是國立的，我們不甚滿意，但尚可接受。所以我想應該是沒什麼問題了吧！」一見面時，父親劈頭就說。

「當然，如果你們所謂的沒問題，是指『上醫學系沒問題』，那的確是。」

我看了一下這對父母，深呼吸了一口氣，緩緩地把每個字說清楚：「但他的情緒狀態，可能會有不小的波動，甚至有自我傷害的風險。請你們務必多關心他的感受與生活，了解孩子想要什麼。因為比起成績，這件事更令我不安。」

「老師，你多慮了！我太了解這孩子了，這種事不可能發生在他身上。」父親笑著說。感覺笑裡還帶點「大驚小怪」的嘲弄。

我突然發現，那種「被嘲弄」的感覺，或許就是這孩子十幾年來最熟悉的感受。

「該提醒的，我已經提醒了；而且，他是你們的孩子，不是我的。」我的話語裡，其實帶著情緒，但這對父母是否能感受得到，還是，依然選擇漠視這些情緒？就像一直以來漠視孩子的情緒那樣。

時光飛逝，我淹沒在日常忙碌的時間流裡，不知不覺像快轉般，到了九月底各大專院校開學的季節。

微涼的午後，我手機進來了一封訊息。打開之後，我顫抖著身體，頹坐在辦公室椅子上，久久無法自已。

「我們錯了，不該沒聽進去你的話。孩子今早被發現在外宿的房間裡燒炭輕生，學生證下壓著遺書，上頭只有簡單幾個字：『親愛的爸媽，這輩子我很努力地當你們的乖兒子，下輩子可不可以讓我做回我自己？』他的告別式，我們希望你可以來送他最後一程，這是我們僅存少數還可以為他做的事情之一。」

我幾乎可以想像得到打著這些文字時，父母的心情有多悲痛。

只是，這一切，其實有機會可以避免的，不是嗎？

心理師暖心分析

• 給身為父母的你：

我們都是一邊長大，一邊遺落某些幼時曾有過的夢想或願望。這些失落，或許是因為能力的限制，環境的不允許，或是經濟方面的不足。

帶著這些遺憾往前走，直到有一天，當我們成為「父母」。**有些人在孩子身上看見自己曾經有過的夢想有機會實現，並在孩子身上投射我們自己的期待**。

渾然忘記：孩子，也是一個獨立的個體，而非我們用來填補遺憾與失落的工具。

孩子，更不是我們的「事業」，別把他們當成事業來經營。

尤其是當孩子乖巧、聽話，更容易使我們慣性忽略他們的聲音，而只專注在我們自己身上。他們有自己的成長議題得面對，也會有自己的生涯、婚姻與家庭，這些課題從來都不是件容易的事。一路走來，我們都深刻有感，卻總在面對稚幼的孩子時拋諸腦後。

• 給身為孩子的你：

相對的，親愛的孩子，我也希望你能明白：很多時候，**父母以愛與保護為名，實則出於他們自身的焦慮，並不自覺強加他們的價值觀在孩子身上**，走在他們以為安全舒適的軌道上。

但他們沒有能力覺察，導致你需承受這些不合理的期待，以及他們的失落。基於對父母的愛，你選擇順從、聽話，默默承受這一切，卻讓自己越來越辛苦。

因為，順從與聽話，容易讓父母誤以為你喜歡，或是你沒意見、沒感覺，日積月累下來，反倒愈加鞏固他們「慣於主導孩子生命方向」的互動模式，以為這樣對子女是好的，並且越來越難加以鬆動。

隨著他們日漸老邁，適應與調整能力也會漸弱，若此時才被迫去面對子女的不順從，不也是種殘忍？

就像我在諮商室裡時常被問到：「我這樣做，對我爸媽會不會太刺激？他們承受得了嗎？」

而我，通常會反問：「如果你什麼都不做，一年後的他們，就會更有辦法承受嗎？」

子女，往往出於好意，不忍父母難過與失望，所以不敢跨出那一步。然而，假使「獨立自主」是你期盼的道路，那麼或許真正該思考的是：可以**如何幫父母打「心理預防針」，強化他們的心理準備度**？即使無法以優雅的姿態面對孩子獨立紀念日的到來，至少親子間可以少些衝突與傷害，甚至避免如同上述故事中的孩子與父母那般付出過大的代價，招致我們最不樂見的「雙輸局面」。

面對父母，我們都曾經傷痕累累……

療心練習與叮嚀

當你開始意識到自己對於父母主導的重大決定有些負向情緒，而且難以消化時，有別於過去總是習慣聽從與承受，你可以有不同選擇——透過循序漸進的表達練習，重拾生命自主權。

這份找回生命自主權的練習，建議可以從強度較小的事情開始。

練習步驟：

一、將生活中的「決定」分三級：

1初級：日常生活瑣事，例如家庭聚餐地點的選擇，放學或下班後的時間安排……等。

2進階級：足以改變生活型態的決定，例如住所的選擇、要不要買車……等。

3最高級：與生涯有關的重大決定，例如選擇就讀大學與科系、選擇工作、選擇伴侶……等。

二、**從初級開始，練習對父母表達不同意見，或是表明想自己決定並期待被尊重**。初級的決定通常會引發的衝突與情緒張力較小，待反覆多次，父母逐漸適應之後，可再提升到「進階級」的決定，依此原則，提升至「最高級」。

面對父母，我們都曾經傷痕累累……

療心叮嚀：

每一個階段，都需要一定時間長度的醞釀與沉澱；需要的時間不等，越高等級通常需要的時間也越長，記得適時放慢速度，切忌急躁，以免感到挫敗或承受過多負向情緒。

媽媽過世後，我很難過，卻又覺得「鬆了一口氣」……

——被情緒勒索的孩子

同事離職前，把她轉介給我。

第一次談話裡，她好幾次有意無意地露出手腕上一整排的刀痕，讓我想不注意到都很難。

雖然這麼說很奇怪，但那種感覺就像在「展示戰利品」般，搭配她看似雲淡風輕的淺笑，真有說不上來的詭異。

第一次談話結束後，我撥了通電話給同事，她聽了哈哈大笑，接著很嚴肅地告訴我：「她在試探你，看你夠不夠關心她，值不值得她信賴。」

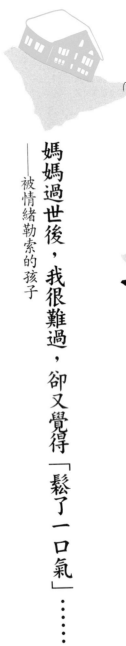

面對父母，我們都曾經傷痕累累……

我恍然大悟。

在刀痕背後

在第二次的談話裡，她的動作更加明顯，我順勢正色看了她的手腕一眼，然後望向她，緩緩地說：「我有注意到妳手上的疤痕，如果妳準備好想談談這些疤痕，可以隨時打斷我。」

當下她雖然只有微微點頭，沒多說什麼；但特別的是：在那之後，她不再刻意展示它們，直到兩個月後。

「這一刀，是我現在的男友有一次徹夜未歸，清晨才回到家後，我把自己關進廁所，用刀子劃的。」

她用右手輕撫著左手腕上某一道疤痕，悠悠地說。然後，開始細數每一道疤痕的故事。

我一路靜靜聽著，時不時瞄一下她的神色。

「那這一道呢？」我用手上的筆，輕輕指向一道特別明顯，卻被她刻意略過沒提到的疤痕。

她嘆口氣後，沉默了好半晌，「這一刀，是在我十八歲那一年，媽媽強硬反對我跟當時的男友交往，我威脅要離家出走，卻發現這一招沒用後，在媽媽面前劃下的。」

她緩了緩情緒後，搖頭苦笑地說：「第一次割腕，力道沒拿捏好，差點真的死掉。」

但更令我震驚的是她後面所說的。

「沒想到，媽媽看到我割，不是衝上前來阻止，而是搶過我手上的刀片，往她自己的手腕上劃得更大力！我被嚇到說不出話來，顧不得我自己手上的血不斷湧出，趕緊打電話叫救護車。我一直跟媽媽說『對不起』，然後母女倆抱在一起痛哭。」

我不知道她自己有沒有發現：時至今日，即使已過數年，當述說著當時場景時，她語氣仍顫抖著。

後來，在她大學畢業前，母親墜海身亡，雖然大家都說媽媽是「不慎失足墜海，是意外」，但她心裡很清楚：這不是意外。

面對父母，我們都曾經傷痕累累……

「情緒勒索」模式，是母親留下的禮物

她讀小學時，父母即已離異；哥哥跟著爸爸，她跟著媽媽一起生活。但母親一直無法接受離婚的事實，常常極力討好父親，希冀能夠復合；也每每在感受到父親的堅決且復合無望後，情緒就會暴走，時而歇斯底里，或不惜以死要脅周邊的人對她妥協。

「在爸媽離婚後，媽媽私下總把爸爸罵得一無是處，她描述裡的爸爸說有多可惡就有多可惡；但每逢爸爸來探視我時，她又極盡所能地表現熱絡。」

她再度無奈地搖頭嘆氣，「有時候，她還會故意趁爸爸來的時候，在我面前說：『是爸爸先不要我們的，所以爸爸根本不愛妳這個女兒！』」

當婚姻關係用如此不堪的方式結束，其中一方為了想積極爭取子女的「同盟」而醜化另一方在孩子心目中的形象，是很常見的現象。因為他們深怕：如果不這麼做，會不會有一天，不只婚姻沒了，連孩子都棄自己而去？

「老師，對不起！雖然我知道這樣講很不孝，很不應該，但我必須誠實地說：媽媽走了以後，我的確很難過，但是更強烈的感覺竟然是『鬆了一口氣』……」

「我猜想：那種感覺，像是從此不再需要因為怕媽媽生氣而不敢與爸爸有太多互

動，也毋須顧慮媽媽會不高興而無法挑選自己喜歡的伴侶。媽媽的愛，後來已經成為一種勒索與羈絆，是嗎？」

我緩緩地把每一個字說清楚，雖然她沒正面回應，但淚珠已經不爭氣地滑落臉頰，代她回答。

「可以的話，我想邀請妳的男友下次一起來談！」談話結束前，我說。

她一臉疑惑地看著我。

「如果我評估得沒錯，在你們的親密關係裡，他可能正過著跟你以前一樣的悲慘生活。差別在於『妳以前是受害者，結果現在不小心變成加害者』，所以他需要好好被關心與照顧一下！要不然萬一承受不了，真的跑掉怎麼辦？」我故作嚴肅地說。

她總算破涕為笑。

心理師暖心分析

當父母的婚姻陷入困境或衝突，孩子是最容易被捲入「三角關係」的人。

有許多父母總以為孩子年幼，好擺佈，甚至錯以為孩子是父母的財產，可當作婚姻談判的籌碼來運用，於是孩子感受到的大多是「我不重要」、「爸爸（或媽媽）不愛我」，或是「爸媽在乎是否能順利離婚大過在乎我的感受」……等。

另一種常見的狀況，則是把孩子當成父母的「情緒配偶」，例如：在婚姻關係中受挫，心理上習慣找孩子「取暖」，獲取慰藉；或是如前述所說：進一步爭取子女的「同盟」而醜化另一方在孩子心目中的形象，卻也間接剝奪了孩子與父母雙方維持互動與建立親密的權利。

對孩子而言，扮演父母的「情緒配偶」時，會有一種「至少有機會保有某一方的愛與認同」的錯覺，但到頭來會發現：為了爭取這份愛與認同，表達對母親（或父親）的「效忠」，**孩子**時常得僭越親子關係，**扮演起情緒照顧者的角色，不願看見父母不快樂、生氣、失落、難過，以為那是自己的責任，所以父母對孩子的「情緒勒索」也伴隨而來**，使得孩子無法做自己，並發展出許多扭曲的感受，也啃噬親子關係。

療心練習與叮嚀

• 給孩子：「情緒勒索」的辨識

年幼時的我們，因為勢弱而難以抵抗父母加在我們身上的一切！我們對父母的愛是如此的純粹，一方面渴求他們的愛，另一方面也希望看見他們彼此相愛，以至於為了父母，我們願意做任何事，任何犧牲，只要他們能過得好，並且願意愛我們。

但親愛的孩子，我想對你說：我們對父母的這份愛，值得好好被珍惜，而非被濫用。

父母在婚姻裡的困境，需要回到他們自己的關係裡去處理與面對，而非透過我們獲得救贖；唯有這樣，他們才能真誠面對彼此、不逃避。

因此，學習辨識親子關係裡「情緒勒索」的訊息，並洞察這些訊息背後的目的與需求，然後重新選擇不同於以往的回應方式，適度劃出情緒界限，便成了很重要的功課。

面對父母，我們都曾經傷痕累累……

	情緒勒索的訊息	訊息背後的目的與需求	過去的回應方式	新的回應方式
範例	媽媽在我面前一直咒罵爸爸。	希望爭取我的同盟，擔心我心向爸爸而離開她。	與媽媽一起咒罵爸爸。	1. 靜靜地聽，但是冷回應。 2. 告訴媽媽：即使妳不在我面前罵爸爸，醜化爸爸的形象，我也不會因此離開妳，妳不用擔心。
練習一				
練習二				

•給父母：「課題分離」的練習

當婚姻關係遇到瓶頸，為避免孩子涉入過多，照顧父母的婚姻關係，記得時常問自己以下問題，將答案寫下來，並完成四十七頁的表格：

1在我們的婚姻衝突裡，孩子通常用什麼方式參與其中（或「被捲入」）？（例如：被迫聽父母對婚姻的抱怨，對另一方的謾罵……）

2婚姻關係，是誰的課題？誰的責任？孩子為什麼會覺得自己需要為父母的婚姻關係負起責任？

3你希望孩子未來再遇到類似的情況時怎麼做？扮演什麼角色？

最後，記得告訴愛你們的孩子：**親愛的孩子**，你辛苦了！你沒有義務承擔這些，這是我們自己該解決的難題。你也**不用被迫選擇「效忠誰」**，因為無論我們最終結果如何，即使是分離，都不會減損我們對你的愛！

孩子需要父母明確而具體的訊息，才能好好安心地在關係裡長大，並且知覺到自己毋須耗費過多心力在照顧父母的情緒，犧牲自己來介入、解決父母的婚姻問題。

面對父母，我們都曾經傷痕累累……

	課題／議題	父母應該做什麼	孩子應該扮演的角色
範例	父母的婚姻衝突	直接面對彼此，必要時接受專業協助，例如尋求婚姻諮商或採取相關法律程序……等。	1. 好好地專注在日常生活的各項任務，而非涉入父母的衝突。 2. 能夠有表達意見與感受的空間，讓父母可以了解孩子的感受。
練習一			
練習二			

你可以將自己的生命困境歸咎於你的父母、你的家庭，只是他們無法為你的人生負責。

因為，即使他們再怎麼愧疚，怎麼補償，又如何願意幫你承受一切辛苦，終究無法代你過你的人生。而他們，也有自己無可逃離的生命課題得面對，與你我無異。

一個月都不開口說話

——捍衛生命主權的孩子

「他憑什麼？」在諮商室裡，孩子大聲嘶吼著。

我不確定，這個孩子口裡的「他」——他的父親，在一牆之隔的等待區，是否有聽到？假使有聽到，又作何感想？

拒學的對象，究竟是誰？

檯面上，他是精神科醫師照會、轉介過來，但在我眼裡，比較像是被父親「拎」

面對父母，我們都曾經傷痕累累……

過來的。

他，十七歲，在家附近的社區高中就讀二年級。剛進入高中就讀時，向來乖順的他，除了成績不太理想，其他方面倒也中規中矩，沒什麼令父母擔心的地方。

但高二開學第一天的早晨，眼看時間一分一秒過去，孩子卻一直沒有下樓，父親上樓查看，發現他還沒起床，低聲責備了幾句，孩子把棉被拉得更緊，轉身背對父親；這個舉動可惹火了父親，催促的聲音更加嚴厲，孩子才心不甘情不願地下了床。

事情還沒結束。不希望孩子開學第一天就遲到的父親，飛車送孩子到了校門口；一路上父子倆沒有太多對話，氣氛冰凍到了極點，更令父親意想不到的是：抵達校門口後，孩子不願下車，好說歹說、疾言厲色均無效，父子開始拉扯，並引起校門口值班教官的側目，但始終無法把孩子給勸下車。

輔導主任與老師出動後，看到孩子誓死不願下車的決心，只好請父親先帶著孩子回家，並叮嚀父親留意回程路上的行車「安全」。

約莫半個月後，他重回校園。只是回到校園近一個月以來，無論師長或是同學，都沒人聽他開口說過任何一句話。

長久缺席的父親

在我跟他的第一次談話裡，沒有例外。即使是已在預期之內，但那樣長時間沉默所引起的情緒張力，對一個諮商師來說，依舊不好熬。

只是，我知道他勢必比我更辛苦。

「這個小時內我會在這邊，不會離開，如果你覺得自己已經準備好，願意說些什麼，我很樂意聽。」

就這樣，在每週談話一開始，我說完同樣的開場白後，開始讀著我手邊的書。

特別的是，他雖沒開口說隻字片語，但也沒拒絕或因此不來。就這樣過了月餘。

「這本我看過。」他用手比了比我的方向。

「喔？……那你最喜歡哪個段落？」既對於他第一次開口講話有些訝異，也對於他竟然識得這本由當代心理治療大師歐文・亞隆（Irvin D. Yalom）所寫的新書感到驚喜。

「我最喜歡它的書名《凝視太陽》。把死亡比喻成太陽，令人難以直視。」他說。表情嚴肅。

面對父母，我們都曾經傷痕累累……

「在家裡，誰是那個讓你無法直視的太陽？」

對於這問題，他顯然沒有防備，愣了一下後，陷入很長的沉思，再度靜默，直到談話時間終了。

選擇跟隨他的話題提出這個疑問，不是沒有理由的。這幾週以來，對這孩子的理解，並沒有隨著晤談進度一起停滯與膠著，除了查看醫師所下的診斷，也在取得家長與孩子的同意下，與學校輔導老師聯繫。

在諸多訊息之中，我注意到一個很微妙的資訊：在孩子高一生活快結束前，長年投身軍旅的父親，卸下職業軍人的角色，正式退役並回歸家庭。

我腦海裡突然想起全職照顧家庭與孩子的母親曾說過：「這孩子長這麼大，從未跟爸爸朝夕相處、共同生活這麼長的時間過；就連他出生時，爸爸也不在。」

我心裡的謎團微露曙光。

「空降」的父親角色

談話過程中的沉默時間越來越少，取而代之的，是他天南地北暢聊，無論是書，還是電影，他都涉獵得很廣，著實令我嘖嘖稱奇。

而我，喜歡透過他所提到的電影或書中故事，連結回他的生活、與家人的關係，拋出問題給他；然而，他也總是有意無意地逃開。

「你打算逃到什麼時候？」我問。

「要不然我能怎麼辦？」他靜默半晌後，收起笑容，轉為嚴肅，「過去十六年來，他放我跟媽媽自行生活，幾乎沒有參與過我的生活，任何重大日子也都沒出現過，現在突然出現在我生命中，就要主宰我的生命……」

「他憑什麼？」他雙手握拳，憤怒地嘶吼。

看著眼前的孩子，我的心揪了好大一下。

不單單是對這個孩子的心疼，更是對這一家人的不捨：一位自知缺位太久，想補償孩子卻不得其門而入的父親，一位自幼渴望父愛卻求之不得，轉而拒絕父親的孩子，再加上一個好不容易盼到丈夫回歸家庭，卻反倒夾在父子衝突的無力母親。

心理師暖心分析

近十年來，台灣出現了一種新的家庭型態：留守家庭。

面對父母，我們都曾經傷痕累累……

它指的是：許多家庭中的主要經濟支柱，為了保存工作機會或追求更優渥的待遇，必須接受公司外派，遠赴他鄉。

在這種家庭型態裡，有「離開的一方」、「留守的一方」、「留守的孩子」等家庭成員。一個家庭，三種心情。

例如：離開的一方，常常懷著對家人的愧疚奔赴異鄉，夾雜愧疚感、失落感與陌生感，獨自生活；留守的一方，理智上雖知道另一半所肩負的任務，但情感上無不時時期盼伴侶能早日返家，靠岸停泊，毋須再遠行。

至於**留守的孩子**，對於父親（或母親）長期的缺位，特別是在成長過程中重要里程碑（如：入學第一天、畢業典禮）的缺席，**心裡不免有遺憾與失落，甚至轉為不諒解**。

然而，這豈只是留守家庭的困境，更是許多「假性單親家庭」的寫照。就像文中的孩子，因著父親投身軍旅且位居要職，即使不像典型留守家庭的父母長年旅居海外，仍因沒與父親共同生活而感到疏離，甚至在稍稍長大之後，替長年過著單親生活的媽媽感到不平。

而父親也感到委屈，想到自己為家庭經濟付出與打拚，孩子卻不願體諒自己的處境。

此外，對文中的孩子而言，**父親長久的缺席，讓母子間的家庭次系統更加緊密**，父子間的次系統則更加疏離。因此當父親退伍，回歸家庭，雖然急於補償孩子，並透過參與孩子更多生活，幫孩子規劃生涯以表達愛與關心，卻沒料到孩子感受到的是「過去十幾年你都沒參與，現在一回來，就要全面介入、接管我的生命，你憑什麼？」或是「我是你的兒子，不是你部隊的下屬，別用管部隊的方式管我！」

而母親面對丈夫的歸來，原是件令人期待與雀躍的事，除了情緒上的相互支持，少些孤單，在教養孩子上也能多個人分擔。然而，面對孩子的情緒反應，父子間的激烈衝突，反倒令她左右為難，耗去更多心力。

我們時常陷溺在衝突中，忘記「愛」的本質，明明希望更靠近彼此，卻因為方法錯了，導致把彼此推得更遠。也提醒我們：愛的表達，需要更多的練習。

療心練習與叮嚀

- **給孩子的「情緒書寫」與「分享練習」：**

1寫下自己對於父親（或母親）長久缺席的所有正、負向感受。

2檢視每個情緒背後的真正原因，例如：**「憤怒」情緒的背後，可能是因為「愛與關注」的需求被漠視，所以由失落轉為憤怒**。

3正視負向情緒背後的需求，並與主要照顧你的人分享。

4將心理需求轉為正向且直接的表達，讓對方知道，例如：我這麼生氣，是因為我其實很渴望你能出席我的重要日子，可是卻要不到。

5表達自己期待的陪伴方式，並經過討論與修正。

- **給缺位父母的「陪伴練習」**：

1與孩子的主要照顧者，或你的伴侶懇切地談，去理解「孩子需要的是什麼？」而非「你想給什麼？」

2了解孩子這些日子以來的感受與情緒，專注聆聽並尊重「專屬於孩子的述說時間」，不急於為自己的缺席辯解。因為：關於辯解，孩子與我們一樣，都已聽得太多。

3**表達自己的遺憾與感受，但不加批判性的字眼**（如：你為什麼這麼自私；只想到自己的難過，都沒看見別人多辛苦）。

4與孩子及伴侶討論：他們希望你用何種方式逐步融入他們的生活，以及參與他們的生命。並約定給彼此多少時間相互適應，再進行檢核與調整。

我不值得被愛，不然父母為什麼丟下我？

——不惜一切討愛的孩子

第一次家訪時，我撲了個空。

迎接我的，是孩子的阿嬤，用一口道地的台語直對我說：「老師啊，『歹勢』啦！我不知道你今天要來，伊攏嘸跟我說，可能連伊自己都忘記了！」

奶奶護孫，深怕這個自小孤苦無依的小孫女會受到責罰，我自是可以理解，所以我也沒有說破。

事實上，我與孩子有事先約定好時間。

「阿嬤，妳要跟妳孫女說：下一次我來的時候，她一定要在喔！要不然我必須向法院的保護官回報，到時候連我都不知道該怎麼幫忙了。」

臨離開前，我故意這樣跟阿嬤說；即使我知道：年近八十的奶奶，也無力管教。

生而不教不養的父母

十五歲的她，自幼就與奶奶相依為命。父親在她年幼的時候就鋃鐺入獄，沒多久，母親也不知去向，只有偶爾會接到她寄回來，寫著女兒名字的現金袋。

「我以後一定要告她惡意遺棄！」她總是氣憤地對旁人如此說，包括在我面前，也不例外。

然而，奶奶私下偷偷告訴我：每次只要收到媽媽寄來的現金袋，她嘴裡雖然仍忍不住一邊飆罵，卻又一邊小心翼翼、默默地把信封袋摺好，收藏在書桌的小抽屜裡。

聽到這邊，我的心不自覺揪了一下。

對這孩子來說，信封上媽媽親筆手寫的女兒名字，彷彿成了她們母女倆之間，僅存的連結與依附。即便這個連結是如此的薄弱。

隨著信任感與日俱增，有一天她說到氣憤處，主動打開了那個小抽屜，拿出一整疊的信封袋用力甩在書桌上。

「她以為三不五時寄個錢來，就可以交差了事，我就會認她這個媽媽？你等著看好了，就算有一天她出現在我面前，我也不會開口叫她一聲媽！」她漲紅著臉，難掩激動地說。

「那妳為何還想把這些信封袋留下來？」

仗恃著這股信任，我決定冒點風險：「我相信妳是真的沒把這些錢看在眼裡。因為這些錢，都沒信封袋上的這些字來得重要。」

她依然漲紅著臉，只是不再答得出話來。

為「愛」犧牲無止境，只因不願再度匱乏

最令人感到不捨的，是「愛」的匱乏，讓她付出了慘痛的代價。

她因為協助詐騙集團至提款機取款，成了現行犯。然而，少年調查官發現：她雖自承第一次參與犯案，但陳述供詞時，似乎意圖保護特定人。以他們的經驗研判，應該是替長期擔任詐騙集團「車手」的男友扛罪；在曉以大義，耗費一番手腳後，她才願意鬆口。

國二時，認識了大她十多歲的男友，開始出現「夜不歸營」的狀況。對一個從小缺乏愛的孩子來說，第一次感受到「被捧在手心上」是什麼感覺，所以義無反顧的奮力去愛。

像是飛蛾撲火般，誤以為是生命的亮光，直往火裡去。因此，無論男友要她做什麼，她都盡量滿足，唯恐失去這份愛，或再次經歷「被遺棄」的歷程；終致引發此次的「車手」事件。

高齡多病的奶奶，在孩子進入青春期以後，教養上顯得更加力不從心。街坊鄰居建議阿嬤可以請學校輔導老師幫忙，無奈孫女到校的情況極不理想，連老師也莫可奈何，使不上力。

「對這孩子的生命來說，此次的事件，是危機，或許也是轉機。」我對保護官如是說。

「的確，雖然付出的代價是高了點，但總是個讓社政資源介入的好機會。」她點點頭，回應我。

面對父母，我們都曾經傷痕累累……

心理師暖心分析

父母是孩子的第一個依附對象，其重要性難以被取代，尤其是「血緣所從出」的親密感，即使親如祖父母，也無法完全替代。

對大多數孩子而言，父母的缺位、家庭結構的崩壞，不僅僅是「沒有人照顧」而已，學習「愛」與「被愛」的機會也被剝奪。

在與父母的關係裡，孩子有兩個重要的任務需要完成：

一、經驗「被愛」，確認自己的存在與價值

我們從與父母的關係裡，初次體驗「被愛」的感覺，並在愛裡嘗試發展自我，發展與他人建立關係、愛他人的能力。

而父母透過一次次對孩子行為的回應，幫助孩子勾勒出自我的形象，知覺「我是誰？」「我是個怎麼樣的人？」「我值不值得被愛？」……等，並形成自我價值感的發展基石。

二、學習回應「愛」，長出愛人的能力

在感受到父母給予的愛以後，孩子也會開始試圖回應父母的愛，再依父母的反應，修正愛人的方式。

有時候，孩子在不知情的情況下，錯用具破壞性的方式表達，以為那就是愛，此時父母的回應方式與內容可以幫助孩子檢核「表達的方式是否適當？」

例如：當幼兒因為某種原因（例如「玩得太興奮」或「生氣」）出手打人，父母認真且正色地告知孩子這行為會傷害到愛他的人，同時在孩子改正行為之後給予安撫與肯定，孩子將學會「我不能傷害愛我的人」，以及「即使我犯錯了，只要願意改正，我仍會得到父母的愛」，讓孩子毋須因為擔心失去父母的愛而不敢犯錯，或是耗費過多心力討好父母。

父母的愛，象徵一種「穩定的存在」，猶如一個容器，讓孩子得以被涵容，安心地在其中投射自己的模樣，經過長時間醞釀並長出能力。

而自幼父母即不在身邊的孩子，由於未曾有機會好好「被愛」，又怎會有能力「愛人」？於是，「我是不是不值得被愛，否則父母為什麼丟下我不管？」這樣的信念成了生命中不可承受之重，並且時刻焦慮於「避免反覆經驗這種感覺」，而**發展出「不惜一切代價討愛，以證明自己值得被愛」，或是「避免投入關係，不讓別人有拋棄我的機會」兩種極端的關係型態**。

令人心疼的是：無論是哪一種關係型態，那顆「曾經深深匱乏而渴求愛與關注」的心，猶如無底深淵，不管往裡面投入多少關係、多少愛，彷彿都難以填補。

面對父母，我們都曾經傷痕累累……

療心練習與叮嚀

被父母遺棄的失落創傷，透過否認、逃避等心理機轉，容易被壓抑到潛意識裡而不自覺；然而，這些感受與記憶如此真實且不容否認，深刻影響我們與重要他人間的依附關係，並且不斷在關係中追尋與驗證生命腳本。

在療癒的路程上，**首要完成的心理任務是「覺察並承認失落創痛的存在」**，使它們從「潛意識層次」提升到「意識層次」，並洞察其如何運作，如何影響自己。

第二個心理任務，是為「愛的匱乏」設定停損點，建立底線，並拿回「給予愛」的主導權。

透過**療癒書寫**，完成上述兩個心理任務：

一、無愛童年的告白：回到自己「初次知覺到父母親不在身邊」的年紀，寫下自己當時的感受。

二、青春期的回顧：將時間挪移至十五歲，回顧童年至十五歲的自己如何長大。

三、成年前期的親密關係經驗開展：在這段歲月裡，曾伴隨著哪些親密關係經驗？它們如何受到「自己與父母間依附關係」的影響？

四、取回「給予愛」的主導權：定睛於現在（象徵「已長大、有能力」）的自己身上，列出三至五種你願意，且渴望愛自己的方式，每週挑選一至兩件執行。

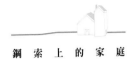

媽媽對我說：「妳再不聽話，我就不要妳了！」

——逃避親密承諾的孩子

今天已經是第三次了。

在下班接小孩的路上，我看見同一個小女孩，約莫小一、小二的年紀，在路旁再度被拋下，聲嘶力竭對前方作勢要騎機車離開的媽媽哭喊著「不要、不要、不要」。

前兩次，媽媽騎車繞了個小圈後，終究都還是繞了回來，這一次沒意外，也是如此。同樣，也毫不例外地用高分貝音量對孩子吼著，「為什麼妳每次都講不聽？以後再這樣，我就不理妳了！」音量之大，很難不引起來往路人的側目。

而且我猜：應該有些人與我相同，已非第一次目睹這景象。

這一次，我終於按捺不住，準備趨向前去，正在遲疑間，我發現已經有一個身著附近一家醫學中心短白袍的醫護人員過去。

接著，經過一番爭執，看見那位媽媽悻悻然地丟下一句，「關你什麼事？」回頭對著小女孩吼，「還不上車？」疾馳而去。

整個歷程，我很難不去關注那個小女孩的表情。

因為那個憂傷表情，在我的諮商室裡，並不陌生，差別只在於：那是出現在三十幾歲的成年女性臉上，並且大部分時間被「收」了起來，藏得很好。

被拋在路旁的小女孩

Jean第一次踏進諮商室時，她告訴我：最近剛跟交往三年的男友分手，分手的原因，不是男生不愛她，反倒是太愛她，在數度向她求婚，都得不到應許後，黯然地選擇離開這段關係。

「那時候，我居然沒有任何半點難過。」她說。講這句話時，表情木然。

後來我才知道，原來這已經不是她第一次以這種方式結束關係了。「隨時為關係結束做準備」的信念，可以讓她離開關係時，比較不會「痛」，卻也阻礙了她完全投

面對父母，我們都曾經傷痕累累……

入關係，總是告訴自己「不要愛得太深，以免對方離開時，自己會太痛」。

周而復始，一次又一次，在漂泊了三段類似的關係後，也讓她從「雙十年華」來到大家口中所謂的「剩女」階段。她意識到自己似乎有些什麼不對勁（她的用詞是「我覺得我一定有毛病」），卻又無法知道究竟是怎麼回事，所以選擇來到這邊。

我彷彿看見她臉上的驚恐

在我們的諮商關係穩固後，依我的直覺，我想差不多是時候切入核心議題了。

「妳與媽媽的互動如何？」我問。

Jean的臉色頓時垮了下來，接著逐漸轉為憂傷，在引導下，慢慢地述說。

她說，在她們小時候，父親因為工作忙碌，全職家庭主婦的媽媽扛起全部的教養責任，她知道媽媽壓力應該很大。印象最深刻的經驗是：只要她沒聽媽媽的話，惹媽媽生氣，不管當時在哪裡，常會大聲罵她：「妳再不聽話，我就不要妳了！」並無視她的哭求，丟下她不管，自己回家。

有一次在一個大賣場，她哭到人家都打烊了，警衛伯伯看不下去，陪她走回去，

路上才遇到折返的媽媽。

「那個畫面，我很難忘記。」Jean眼眶溼潤。她幼時臉上的驚恐，我彷彿還可以看見。

一種教養，兩種心理決定，同樣讓人心疼與遺憾

後來，妹妹出生後，媽媽依然時常上演這一齣劇碼。但是，她意識到自己多了一個「姊姊」的角色，選擇先收起自己的情緒，先照顧妹妹，保護妹妹不受到驚嚇。久而久之，她認為自己因此變得堅強，不理會媽媽的情緒，便不會因此受傷難過。

「妹妹直到現在都出社會了，還是很不爭氣，常常還是很在乎媽媽的看法，希望得到媽媽的安撫與肯定。」

她停頓會兒，接著說：「而且她跟男友的交往狀況，我也常看不下去！每次吵架都哭得死去活來，什麼都肯配合，只求男友留下來。一副好像沒有男人，就不知道怎麼過日子的樣子。」

「妳有沒有發現：妳們姊妹倆各自的親密關係模式，與妳們和媽媽之間的互動模

面對父母，我們都曾經傷痕累累……

式，有點像？」對於這個很跳tone的問題，她先是一愣，接著陷入沉思。

不同的是：**姊姊選擇不投入關係，以避免受傷；妹妹則選擇討好，以避免對方的離去**。

同一個教養方式，兩個孩子，兩種不一樣的選擇與決定，卻都令人感到心疼與遺憾。

心理師暖心分析

大多數的心理學家都同意：**父母，是孩子第一個親密依附的對象，孩子幼時與父母親的互動關係品質與型態，會影響孩子長大後在親密關係中所呈現的樣貌**。

在諮商室裡，很多困在親密關係或婚姻關係中的案主，癥結往往可追溯至幼兒時期或青少年時期與父母間的互動，以及其所發展出來不利於與人建立親密關係的「依附型態」，而且這些依附型態大多源自於孩子如何回應主要照顧者在教養上出現的問題。

最常見的是心理學家安斯沃斯（Ainsworth）所提到的「抗拒／矛盾型依附」

（Resistant Attachment）以及「逃避型依附」（Avoidant Attachment）。

前述案例裡的姊妹，即是典型的例子。面對情緒不穩定，時常恫嚇要拋下她們的母親，姊妹倆其實都很在意母親的安撫與肯定，並且害怕母親的離去；然而，面對情緒不穩定的母親，即使母親在身旁，她們也總處在焦慮不安的狀態，時時擔心「媽媽不知道何時會突然生氣」而恐懼，**難以感受到母親角色帶來的安定感，而發展出帶有「矛盾情緒」的依附型態**。

而姊姊後來為了保護妹妹，發展出新的回應方式：在與母親的關係中，讓自己少些對關係的期待，抽離自己的情緒，而不再投入關係裡，避免因反覆失落與受傷而無法堅強地保護妹妹。

療心練習與叮嚀

這些經學習而來、扭曲的回應方式，在幼時與父母的關係裡，的確有其階段性保護功能，但卻可能在長大以後，阻礙我們發展經營親密關係的能力，唯有透過覺察、辨識，而後反覆進行「斷開經驗連結」的練習，才有機會修正。

面對父母，我們都曾經傷痕累累……

•給「曾經是孩子的你」的療心練習：

如果你曾經或正在經歷一段讓你覺得辛苦與難受的親密關係，請稍稍停下腳步，回答以下問題，並將答案書寫下來。

1在你與伴侶的關係裡，有哪些部分與「你與父／母親」之間的互動相似？

2這些相似之處，如何影響你自己的親密關係？

3在面對伴侶時，哪些情境最容易挑起你的負向情緒？這些情緒經驗，在你與父母的關係裡，是否也感到熟悉？

4再重新讀一次自己所寫的答案後，寫下自己的發現與覺察。並**在文字的最後，提醒自己：「我已經長大**，現在我面對的，是我的伴侶，不再是我的父母，**我有能力可以選擇更好的方式回應我的伴侶，投入屬於我自己的關係。」**

5與你的伴侶分享上述的發現與覺察，並一起討論，設定好「中止自動化情緒反應」的「開關」（例如手勢或關鍵字）。在必要時，請伴侶幫忙踩煞車，斷開自動化情緒反應的連結。

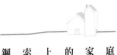

•給「已為人父母的你」的療心提醒：

我們生活中不免有許多辛苦與委屈，為了家庭、經濟、工作，承受不少壓力，然而這都無損於「我們是孩子親密依附的第一個對象」之事實，孩子需要我們扮演一個「穩定的成人角色」。

你習慣把「如果你不（達成什麼事）……，我就不理你／我就離開你」這句話掛在嘴邊嗎？如果你知道這句話對「你與孩子間的親子關係」，以及對孩子「未來發展健康親密關係的能力」潛在影響有多深遠，你是否願意在下次說出口前暫停一下，再決定要不要說？

然後，別忘了回過頭照顧一下自己：我最近是不是壓力太大、太緊繃？是不是需要找人聊一聊？以免把壓力與情緒在不自覺中轉移到弱小，沒能力抵抗的孩子身上，不小心傷害了你所摯愛的他們。

情緒崩潰時，母親伸出手臂，讓她咬

——繭居的孩子

整整三年，孩子無法出門上學

根據孩子的輔導老師所提供的資料顯示：在此次入學之前，她已經「繭居」三年。

我仔細端詳著這孩子的臉龐，看見她的眉頭深鎖，一臉滄桑。

十八歲，這個「孩子」年紀有點長，足足比班上同學大了三歲。國中畢業後，原可直升一所明星私校的資優班，但她幾乎足不出戶。三年，無法上學，令父母心急如焚。

入學第一天，孩子到校，輔導室就接到母親的電話，並把故事「完整」地說了一遍。

孩子的父母，經營一家小有名氣的連鎖餐飲集團，在全台各地有許多分店。孩子小學的階段，適逢父母在創業關鍵期、全心投入工作中，無暇顧及她與弟弟；與她相依存的，是阿嬤與從小看著她長大的保母。

國小畢業前，阿嬤生病過世，父母忙碌依舊，在不得已的情況下，將她送到一所頗負盛名的寄宿型貴族學校。升上國三後，孩子開始出現「請假日」比「實際到校日」多的情形，但神通廣大的父母，總有辦法擺平一切。

手臂上鮮紅的齒痕

當父母天真地以為孩子終於願意主動上學，從此可以海闊天空之際，孩子彷彿又重重地給了他們一拳：甫入學不到一個月，再度無法步出家門。

起初，母親央求導師到家裡看看孩子，鼓勵孩子上學，但漸漸地，無論是導師、教官、主任，再也沒人可以順利把孩子帶到學校來。所有人雙手一攤，莫可奈

面對父母，我們都曾經傷痕累累……

何。

一天，母親出現在輔導室。秋老虎的熾熱，讓她穿著袖套以防曬的模樣，顯得合理。直到她進了諮商室，露出手臂上一個個鮮紅的齒痕，把輔導老師嚇得花容失色。

過度涉入的母親

兩個禮拜後，輔導老師陪著母子倆來機構找我。

「妳的意思是：當孩子情緒崩潰時，會要求妳給她咬？」我先看了孩子一眼，再看向母親，「而妳，也就真的乖乖伸出手來讓她咬？」

母親點點頭。

我則與輔導老師交換了一下眼神，兩人都感到匪夷所思。

「咬完後，她通常心情會好一點；恢復平靜後，她也會跟我道歉。」母親望向孩子的眼神裡，帶著幾分乞憐。

孩子也熱切回應母親的眼神，臉上滿是歉疚。

霎時間，我彷彿可以看到這個十八歲的軀體裡，住著一個八歲的小女孩。你可以視之為「一個被寵壞了的孩子」以及「極度縱溺孩子的母親」，共構出這弔詭的暴力循環模式。

然而，我還看見一對依附甚深、同病相憐的母女；以及這個十八歲的軀體內，有個四十八歲的暴力典範。只是，這個暴力典範從何而來？

為了驗證我心中的假設，我請他們全家一起來一趟。

母親經過一番努力，終於把全家一起帶來。

情感疏離的父親

「都是媽媽太寵，不懂得找方法！」在會談室裡，這個父親，作勢握緊拳頭，擺出商業場上談判的架式，攻勢很凌厲，完全沒有給這對母女有任何喘息的機會。

「像她弟弟，就很乖巧、很正常啊！哪有像她這樣？」

「家，是談情的地方，怎麼會是談判的場域？」我不禁心想：這個爸爸，是不是搞錯敵人了？

孩子冷哼一聲。

「你到現在依然堅持自己是對的。難道你看不出來嗎？如果你再不改變，下一個出狀況的，就是弟弟，你等著瞧好了。」

一路處於挨打的孩子，終於忍不住回擊。「還有，我們不是你的員工，別用那種語氣對我們講話！」

語罷，起身奪門而出，留下一屋子錯愕的家人，驚慌的輔導老師，以及心理圖像更見清晰的我。

「缺席」的功能

一個月後，輔導老師來電，告訴我：「孩子雖然還是沒有每天到校，但平均每週都會來個一兩天。」

「妳怎麼看待孩子的改變？」我好奇地問。

「我覺得她已經有明顯進步，至少走得出家門。」她說，語氣聽來多了幾分篤定，少了許多無力。

她接著補充道：「督導，謝謝你。在那一次的家庭會談裡，我在一旁觀察你與這個家庭的互動，才發現原來孩子的『缺席』對這個家庭是有功能的。孩子希望透過這種方式，喚回父親對家庭、媽媽，以及對他們的關注。」

我想起當天孩子重新回到諮商室之後的情景。

我請父母到諮商室外頭等待，獨留我、輔導老師，以及她。我對她說：「辛苦妳了！妳的訴求大家都聽到了，包括爸爸。既然階段性目標已經完成，妳還需要繼續（缺席）下去嗎？』」

她先是愣了一下，然後露出會心的微笑，眉心也跟著鬆了不少。

她的笑，全世界大概都懂了，但重點是：父親呢？這個父親「願意」懂嗎？

心理師暖心分析

在家庭裡，衝突越大的兩人，往往也是越在乎彼此的兩人。

就像上述故事中的那位孩子一樣。我們對於自己在乎的人，總會有許多期待，忍不住對他們索求愛，一旦要不到愛，或感覺被忽略，心理的失落也相對巨大。

等到**再更長大些，更有能力時，有時候會轉化成攻擊，來試圖喚起對方的愛與關注**。更遑論是一個從小父母即不在身邊的孩子，更不難想見對愛的渴求有多強烈。

在諮商室裡進行家庭會談時，當諮商師與家人建立信任關係，開始進入工作階段後，常見以下的情景：家庭成員會在會談室中不自覺重演平時家庭裡的劇烈衝突、互相指控；另外，有些成員，此時則忙於緩頰，幫忙對行為做解釋，或不知所措。

治療師要做的，則是**協助家庭成員洞悉攻擊與指責背後真正的心理需求，並且拆卸攻擊與指責，讓愛直接真實表達**。

療心練習與叮嚀

• 繪製「家庭互動圖」

在家庭會談時，我常會給所有家人一份練習作業：**描繪「家庭互動圖」**。用以協助全家人或是特定家庭成員，去覺察自己在家庭中的位置，以及自己與家人間的互動脈絡，**讓「覺察」成為療癒與改變的開端**。在個人的家庭關係探索與療癒上，也很適用。

「家庭互動圖」繪製方式：

一、請按自己的觀察與感覺，依循下列原則，在紙上標示出每個家人的位置。

1家庭成員間的相對位置遠近，代表彼此間的關係距離。

2如果在兩位家庭成員間，有基本的互動，則用直線連接起來，象徵有互動上的連結。假使兩人間的互動多而頻繁，則加深、加粗該線條；互動越多，線條越粗越深。

3如果在兩位家庭成員間，時有衝突，則用〈〈線條連接起來。假使兩人間的衝突多而頻繁，則加深、加粗該線條；衝突越多，線條越粗越深。

4給每個人一至三個形容詞。

二、邀請你最親近或信任的家人（至少一位），也繪製一份家庭互動圖，再將你自己繪製的「家庭互動圖」與之交換並分享，比較一下兩人的差異。

特別是**針對「距離」、「各種線條」、「形容詞」，去理解其他家人眼中的家庭互動，與自己的感受有何差異。**

面對父母，我們都曾經傷痕累累……

三、對這位家人長久以來的陪伴與支持表達感謝，或是給一個擁抱。

這張圖，在家人間的流轉所引動的改變總令我驚豔。

在會談室裡，我時常聽到家人間既淚又笑地分享，給彼此回饋，更聽見有人訝異於「我從沒想過：原來自己與父親之間的很多衝突，在母親的眼裡，是因為出於愛。但這樣的愛，卻總令她為難！」因此開啟了改變的動能。

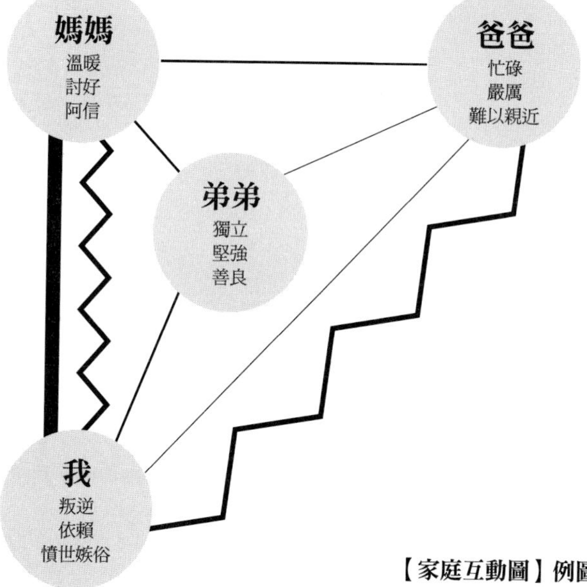

【家庭互動圖】例圖

「覺察」的練習，即使未能立即打開家庭關係療癒的大門，依舊是引動改變的重要途徑。

一心想讓名醫爸爸難堪

——報復的孩子

那一年，我遇到這個孩子。因為頻繁與師長衝突，所以被轉介到輔導室來。

孩子的父親是某醫學中心的「名醫」，並且很受院長器重，大大重用；母親則是中學老師，剛退休不久。

「父老子幼」的狀況，很容易被簡化問題為「因為老來得子，所以過度寵溺」。

但這個家庭長得不太一樣。

「培養獨立」的善意，造成意外的疏離

有別於很多獨生子女的家庭，這對父母雖然老來得子，卻對孩子要求極為嚴格。父母感受到自己年紀日漸老邁，一直有個焦慮：「我們可能來不及確定孩子可以成家立業，照顧好自己，就得離開他身邊。所以要提早訓練他獨立自主的能力，不容依賴，而且最好夠優秀、夠突出！」以為這是給孩子最好的禮物。

孩子也的確不負父母期望，自小品學兼優，直到上了高中，一切開始變得不同。

讀明星高中的孩子，向來容易遭遇「成績優異的光環，從此不再」的失落。四十個來自各國中前三名的孩子，只會有三個得以繼續維持這樣的光環，其餘的三十幾個孩子，就像墜落凡間的天使般，開始感受現實世界的殘酷，一不小心還會摔得血肉模糊。

就像這個孩子一樣。

雖然孩子心裡很渴望與父親靠近，父親也本該是孩子的偶像，但在年幼時，父親卻常常不在家。只要一在家，「嚴厲父親」的角色鮮明，看到孩子有哪裡做不好、成績退步，除了懲罰孩子之外，也會不斷數落媽媽「沒教好」。尤其是孩子上了高中，成績光環不再之後。

「老師，不能怪他啦！我們父子倆根本沒有『感情基礎』，他可能連我今年念哪一班都不知道，哪會知道可以關心我什麼事。」孩子的語氣裡盡是嘲諷與戲謔。

面對父母，我們都曾經傷痕累累……

說來諷刺：父親一直在我面前強調「我很重視孩子的品格教育」，然而據孩子所說，他從父親身上學到的，是「自己沒盡到責任，卻一直怪別人」的身教。於是，從高中開始，跟著爸爸一起加入「指責媽媽的行列」，並習慣把責任往外推，認為都是別人的不對。

說到爸爸，他總不以為然，忍不住用鼻孔哼氣。上高中後，更「進化」到出現各種重大違規，即使知道放學回去後，會被修理得很慘，但是只要一想到可以讓貴為「名醫」的爸爸來到學校「丟臉」，他就覺得很值得。

孩子的心理決定

這些年來，他默默在心裡做了決定：我過得並不好，而且我要想辦法讓你們知道，讓你們也不好過。

他常常用具有「破壞性」的方法，透過在校園裡大小過錯不斷，進出教官室與學務處像在走自家廚房一樣，讓父母疲於奔命，一天到晚接學校電話。

有一次，爸爸被學校約談後，孩子主動來找我，一派輕鬆。

「你開心嗎？現在。」我很嚴肅地問，因為我真的笑不太出來。

「開心啊！」他看似一副得意狀，但我看得出來，那種得意其實很空虛。

「為了這個『開心』，你付出的代價會不會太高？」我看著他，複雜的情緒裡，有著心疼；當然，更多的是「生氣」。

也許是感受到我的凝重，他收起了吊兒郎當的態度，靜默不語。

如果可以愛，誰會選擇恨？

「我知道你很氣他，所以想盡辦法讓他丟臉、難堪。是！你是達到目的了！然後呢？」我絲毫不給他喘息的機會，「你以為你贏了？難道你不知道在『報復的遊戲』裡，沒有人是贏家？」

「唉……要不然，我還能怎麼樣？」他就像洩了氣的皮球般，少了過度膨脹的氣燄，取而代之的，是止不住的嘆息。

看著頹坐諮商椅上的他，我不禁想著：「家，一旦變成戰場，沒有人可以全身而退，每個人都是輸家。」這道理，為什麼還是有這麼多人不懂？

不惜與父母「玉石俱焚」的孩子，看似帶有巨大的「恨」，但身為成人的我們，卻也常忘記：如果可以選擇溫暖而支持的「愛」，誰會願意選擇承受痛苦難熬的「恨」？

或許，他們都曾經努力索求愛，只是不曾被好好疼惜與對待，因此錯以為自己沒得選擇罷了！

心理師暖心分析

在這個家庭裡，全家人都感到很受傷。

對父母來說，培養孩子獨立自主的能力，是一種出於深刻的愛與祝福，希冀孩子能帶著這份祝福以及能力，即使有一天不再有父母的羽翼保護，也能好好地把自己的生活給過好。然而，負責扮演黑臉，嚴厲要求孩子的父親，由於與孩子的關係裡愛的存款不足，因此**孩子感受到的不全然都是愛，有更多的是「干預」、「限制」，並且把父母的愛理解為「父母是擔心我表現不好，讓他們丟臉」**。

這些曲解，總令父母感到傷心與委屈！直到有一天，當孩子遠了、走了、不再回頭，才驚覺：不管你是醫師、律師、教授，頭銜多大，孩子要的，就是一個單純而真實的「父親／母親」。

對孩子而言，父母可以給孩子、最難以被替代的，是「關係」，也是所有影響與改變的起點；**無論父母在專業領域裡多權威、多有能耐、多能呼風喚雨，唯有「關**

係」還在，才有機會影響孩子。但父母卻常過度在意其他功能性的角色，反倒失去了與孩子的關係，著實令人感到遺憾。

但事實上：離開，並不是一個容易的決定。若非必要，我們都不會輕易選擇離開我們所愛的父母家人，我們所依戀的家。在選擇轉身離開之前，總希望「是不是還能做些什麼？」「是不是還有其他方法？」

療心練習與叮嚀

•給「曾經是孩子的你」的療心練習：

親愛的孩子，辛苦了。選擇用這麼激烈的方式來表達你的不滿，你自己肯定也不好受，但因為年幼，資源、權力受限，沒有太多的選擇，更無力和解。

事實上，和解向來不是件容易的事，包含與自己、與家人和解，皆然；但是有一天，你會感覺到自己開始具有力量，不再是「沒得選擇，僅能如此」。

邀請你一起來洞察自己行為表徵背後真正的心理需求，並進一步思考「現在的我，可以有什麼不同的選擇？」

面對父母，我們都曾經傷痕累累……

	關係對象	原先的因應方式	背後真正的心理需求	事過那麼多年之後，如果重新來過，我會……
範例	例：父親	不斷違反校規，讓父親疲於奔命與丟臉。	1. 愛與關注。 2. 受傷與失落的感受能夠被看見。	1. 透過信任的師長或其他對父母具有影響力的人轉達。 2. 直接告訴爸爸「為什麼我需要如此？」及「我真正在意的是什麼？」
練習一				
練習二				

•給父母的療心叮嚀：

孩子最不可愛的時候，往往也是最需要愛的時候。

偏偏這時候，他們彷彿有一種「惹毛父母／師長」的天賦：一言一行，一舉一動，活像刺蝟一樣，針針挑動我們的神經，動不動就劍拔弩張、張牙舞爪，的確讓大人難以「愛得下去」。

殊不知，**這往往也是他們對大人的試探**，只是連他們自己可能也沒能覺察。

當大人被挑動情緒，一如他們預期動怒，隨他們起舞，會更加鞏固孩子心裡「看吧！爸媽果然不愛我、不在乎我，否則怎會對我這麼生氣？」的推論。那種感覺，像是「蒐集點券」一樣：集滿十次「爸媽對我生氣」，驗證「你們不愛我」的感覺。

下次，父母覺察到自己情緒快被孩子挑起前，不妨多深呼吸幾次，緩一下怒氣，先靜靜看孩子「獨舞」，不急著接受邀請加入共舞，也不討好、不迴避孩子的情緒，然後**直白問問孩子：「我看見了，也感受到了！但其實你可以不用這麼辛苦。你願意明白告訴我，你需要什麼嗎？」**

孩子通常會被你出乎預料的反應嚇一跳。

更奇妙的是：他們的詭計明明沒有得逞，卻反倒因此感到安心，甚至開心。

面對父母，我們都曾經傷痕累累……

因為他們感受得到：我的需求，父母懂了，所以情緒也可以緩了。覺察並打斷負向情緒共舞的序列與步伐，是對孩子「表達理解」的正向開端。

總是生病，只為不讓爸媽離婚

——代罪羔羊的孩子

「與這孩子談好長一段時間了，她的狀況時好時壞。有時候感覺好像進步，穩定一點點了，但我一回饋給她，隔週她好像就又跌了回去，打回原形；這樣來來回回好幾次了！」接受督導的時候，我向督導求救。

督導問我：「你觀察到她每次退步，都是發生在你跟她回應，『她有進步』之後？」

「嗯，而且對於用藥，她也沒有很積極，常常有一天沒一天的吃，根本不穩定。我說不太上來那種感覺，彷彿……她不想好起來。」

我皺著眉，輕搖著頭。因為總覺得自己這樣的推論怪怪的：有誰深受憂鬱所苦，會不想好起來？

「我們來假設一下：如果你的直覺是準的，那麼你覺得她為什麼不想好起來呢？」

督導問完這問題後，我眼睛為之一亮，並且用筆大力的敲了自己的頭一下。

孩子的「憂鬱」是有功能的

隔週，我約了家長一起進諮商室，這是他們第二次。上一次進諮商室，已經是幾個月前，他們帶著孩子第一次來談的時候。這幾個月來，我一直很「用力」地在孩子身上工作，以為孩子的狀況僅在她自己身上。

我、孩子、父母，四個人在諮商室裡。我眼睛瞄了一下始終低著頭的孩子，故意跟這對父母說：「這段時間以來，她的狀況一直沒什麼改善，而且我覺得有越來越退化的跡象。我想了解一下，她在家裡跟你們的互動如何，有沒有發生什麼大事？」

父母兩人，先是面面相覷，接著互相推託，要對方回答我的問題。隨著後續的談話，漸漸地開始出現「互相指責」。

感覺得出來，他們試圖努力在我面前掩飾對彼此的「怨」。但大概是真的積怨已深、已久，再怎麼遲鈍的人，應該都感受得到，更何況是我們學諮商的人。

送走父母後，我獨留下孩子。

「你都看到了……我覺得好丟臉。家裡吵不夠，連來這邊也要吵。」她說，但依舊低著頭。

「但比起看到他們分開，妳寧願看他們吵，對吧？」我歪著頭看她，等她回應。

她終於抬起頭來看我一眼，隨即又低下頭去，喃喃地吐了一句話：「如果不是因為我生病，他們早就離（婚）了！」

我知道她沒說出口的一句話是「我能好起來嗎？我好了，他們恐怕就真的散了！」

對這孩子來說，她的「憂鬱」是有功能的：得以維繫父母婚姻，維持家庭結構完整。即使，勉強維持完整的家庭結構之下，關係品質並不好。

孩子的問題，是父母婚姻的救贖？

那一刻，我完全明白了！但卻一點都沒有「猜中」的喜悅。相反地，在心裡，我有好多好多的不捨、嘆息與不解。

我不捨：一個十多歲的孩子，竟然需要透過犧牲自己，用「讓自己生病」的方式，使父母難得有「一起救孩子」的共同目標，將兩個大人拉在一起，暫時不碰離婚這件事，**滿足孩子對「爸媽還在一起，沒分開」的小小盼望**。

我嘆息：這對父母，渾然沒意識到孩子有多擔憂他們、多愛他們、多擔心自己被任何一方拋棄；只專注在自己是否可以順利離婚，而罔顧孩子的愛與感受。

我不解：該進諮商室的，為什麼不是「該好好面對婚姻問題的父母」，反倒是「愛父母的無辜孩子」？而且是用如此不堪的方式。

他們只是孩子，就應該專心地好好地當個孩子，而非父母婚姻問題的代罪羔羊。

面對父母，我們都曾經傷痕累累……

心理師暖心分析

幼時隨著父母經歷「談判離婚，爭監護權」歷程的孩子，常見兩種創傷：

一是感受與想法被漠視的創傷，例如：難過、驚恐、害怕被拋棄……等情緒被忽略，或是孩子想要與誰共同生活的意見被漠視。

二是因為不想見到父母分離而犧牲自己，成為父母婚姻問題的代罪羔羊之創傷，如同本文中的孩子那般。

在這些創傷下長大的孩子，**有些人會在日後的生命裡，自尊與自我價值感持續低落，認為自己不重要、不值得被愛**，否則父母當時為什麼不要我、不在乎我的感受？

另外，**有些孩子**，因為擔心自己的感受再度被重要他人忽略，或是為避免重要他人的離開（就像當時自己的父母一樣），再度經驗被拋棄的失落與創傷，而**沿用「犧牲」的策略，委曲求全地留在關係裡**。

但親愛的孩子，其實最該進諮商室的，是「該好好面對婚姻問題的父母」，而非「愛父母的你」。

父母應該意識到你有多擔憂他們，多愛他們，多擔心自己被任何一方拋棄；而非只專注在自己是否可以順利離婚，是否可以取得你的監護權，卻罔顧你對他們的愛與感受。

療心練習與叮嚀

當你正面臨親密關係或親子關係的困境，並且有一些身心症狀出現時，可以這麼做。

一、自我檢視面對目前的關係困境，我是否常常覺得無能為力？

當我的身心症狀出現時，關係中的衝突是否會暫時減緩？對方是否會因此暫時靠近？

在衝突情境中或衝突後，是否常伴隨明顯的擔憂與焦慮情緒？並且害怕對方會離開，或不再愛我？

如果以上的指標是你所熟悉的，那麼請記得問問自己：這些情緒經驗，是從什麼時候開始的？類似的感覺、相似的角色功能，通常出現在原生家庭裡的哪些情境？

二、回頭告訴當時的自己：

「親愛的孩子，我知道你真的無能為力，所以只好出此下策。但這些，向來就不該是由你承受。**而你，從此以後，不用再犧牲自己去救贖任何人、任何關係！**不管是面對即將結束婚姻的父母，或是你未來的伴侶，都是如此。因為，每個人都該為自己生命中的選擇，負起責任、不逃避。」

乖孩子受的傷，最重

——正直乖巧的孩子

在教育與輔導工作崗位上這麼多年來，協助過形形色色、各式各樣的孩子，在處理上大多已經得心應手，但唯獨有一類的孩子，曾有好長一段時間讓我既心疼又難以找到介入協助的著力點。

他們是一群「正直又乖巧」的孩子。

有一回，與一位專業領域的資深夥伴談起我對這群孩子的無力感時，他聽完後問我：「你是不是在協助這些孩子的過程裡，彷彿看到年少時的自己？」

那一刻我才驚覺：原來，我的無力，是因為我曾經也在其中。我腦海裡，想起了兩件發生在我成長過程的創傷記憶；而這兩件重大事件，都在我的生命中烙下很深的鑿痕，大大影響了我日後的生命。

之一：歸心似箭、乖乖排隊，卻一直上不了公車的孩子

國中畢業以後，我所就讀的高中離家裡有一大段距離，所以必須住校。對一個十五歲不到的孩子來說，第一次離家獨立生活加上課業上的挫敗，壓力大到讓我直想逃離校園。

而每週六的返家，便成了我生活中最大的盼望。當時尚未實施週休二日，週六中午放學後，我用最快的速度回宿舍寢室收拾簡單行李，直奔公車站，為的就是希望能夠早點回到溫暖的家中，以獲得療癒。

然而，有好多次，我午餐時間抵達車站，但回到家卻已過晚餐時間。這段車程其實只要約一個小時，其餘的時間都是因為排隊等車時，當公車一靠站，大家就脫隊、混亂地一擁而上；而我，從小信奉師長所教「要按規定排隊，不能插隊」的原則，卻眼睜睜地看著很多比我晚到的人搭上車離開。

看著幾個與我同樣遭遇的乖孩子，我心中除了無奈，還有更多的困惑：你們這些

面對父母，我們都曾經傷痕累累……

大人，不是都教我們小孩要守規矩？為什麼現實世界長得跟你們教的不一樣？為什麼沒有任何成人出面說或做些什麼，而任由這一切發生？

更令我自己難過的是：當我心裡浮現這些問號時，我隨即開始責備自己「怎麼可以如此質疑師長？」

之二：乖巧盡責的孩子，卻受到懲罰

另一個記憶，發生在我小學六年級。

我和另外三位同學負責打掃全校唯一的垃圾場。因為垃圾場真的很大，所以我們自己再做細部的分工，兩兩一組，分配責任區域。

那一天，是期末放寒假前的大掃除，我跟同組的同學，早早把我們兩個人的責任區清理完畢，並且不斷提醒另兩位貪玩的同學，要在規定時間之內打掃完成，讓老師檢查。想當然爾，他們沒有完成，但因為已幫他們掩護過多次，我倆這次決定不再主動幫忙打掃，等到老師來檢查，讓老師處理。

「誰負責打掃垃圾場？到前面來。」過一會兒，出現在教室裡的，不是我們級任老師，而是校長。

另兩位貪玩的同學，依舊在操場上打球。在教室裡的，只有我跟我的同組夥伴。我們兩個乖乖地舉手，並且快步走到校長前。

啪、啪，兩聲，清脆響亮。校長的大手掌印落在我們小臉上，紅通清晰。

「馬上去給我掃乾淨，等我過去檢查！」丟下這句話後，他轉身離開。

很多同學為我們抱不平，慫恿我們打電話回家叫家長過來「關切」，但我沒有。我懷著羞愧的心情，回家前再三確認「掌印痕跡」是否還在，就是害怕回家後會被注意到。

因為幼時乖順的我，總是被教導：學生被師長處罰，一定是做錯了什麼，否則師長不會胡亂打人。更何況是貴為「校長」，怎麼可能會錯？

我心裡害怕：「萬一真的是我自己錯了呢？」「爸爸來過學校之後，又如何？我會不會被修理得更慘？」

我的生命，就帶著這股複雜情緒，往前走。包括，我始終對「權威者」感到莫名的恐懼，無論是在求學階段，還是在進入職場以後。

直到我自己投入心理諮商領域，踏上與自己和好的旅程。

面對父母，我們都曾經傷痕累累……

心理師暖心分析

社會文化與教育，像是另類的父母，形塑著我們孩子的樣貌。但孩子從中得到的，不一定全是涵容與滋養，有時也伴隨著傷害。

面對這麼一群聽從父母師長、服膺乖順「美德」，卻反倒受傷害的孩子時，我曾經非常害怕他們開口問我：「老師，乖巧、聽話錯了嗎？」

在團體裡，他們屬於守規矩、安靜的那一群，面對師長交付的任務與工作，也總能按照成人所教導的方式默默完成，讓人很放心。這麼一群各方面表現都相對穩定的孩子，其實是團體裡很重要的一股安定力量，也鮮少會隨人群瞎起鬨；由於很怕造成別人的麻煩與困擾，所以他們極少主動出現在輔導室。

然而，他們的高自省能力、正直、乖巧，卻也時常使他們心理受傷而不自知，即使受了委屈，仍以為是自己的錯，著實令人不捨。

漸漸地，我終於明白：何以面對這些孩子的提問，我會如此焦慮？

或許我真正害怕面對的，不只是這些孩子，而是在這些孩子身上，隱約看見那個十二歲與十五歲的自己，帶著紅通的臉頰、哭腫的雙眼，一邊自我懷疑，一邊對主流教育價值框架控訴：

「老師，為什麼這個世界長得跟你們大人告訴我們的完全不一樣？」「為什麼被懲罰的，不是貪玩不守規矩的，而是乖巧聽話的？這示範著什麼價值？」

曾有好長一段時間，我除了心疼不已，很想好好擁抱他們之外，面對他們的困惑，我幾乎無法招架。因為這些孩子確實長成了我們主流教育刻意形塑的樣子，但是包括在校園裡、在社會環境裡，他們卻常常適應不良，甚至沒好好被善待。

但是，親愛的孩子：你真的值得更多的疼惜。

你不需要更多的「保護」，而是**在你對社會懷抱希望，對生命友善，卻又感到挫敗的同時，可以有人願意理解你的難過與失望**，並且帶你一起真實地看見：除了失望與難過，我們還可以做什麼？

就像，當我自己在歷經十餘年，也成為一名教育工作者後，每每思及十二歲時的那一巴掌，我的左臉頰彷彿還灼熱，情緒仍有波動，但我確信：我的學生會比當年的我幸福，因為他們即使犯錯，也會有個老師願意好好聽他們解釋與說明，理解他們的故事；他們更不會因為安靜，不習慣為自己辯駁，而遭受誤解。

說來奇妙，當生命經驗經過轉化，並從中長出力量後，記憶裡那十二歲與十五歲的小男孩，也間接被安頓與療癒了。

面對父母，我們都曾經傷痕累累……

療心練習與叮嚀

•療癒書寫

一、寫下自己曾因為乖巧、順從而感到委屈或受傷的事件。

1事件發生在你幾歲的時候？

2在這些事件的背後，真正讓你感到受傷或委屈的地方是什麼？心中有什麼疑惑？

3當時的你，最期待誰出現協助？你希望他可以做些什麼？為什麼？

二、如果**邀請「現在的你」對「當時的自己」說些話**，你會想說些什麼，**以好好陪伴、支持他**？

三、回到「現在的你」，長大了，也擁有更多改變所處環境的資源與能力，可以如何善用這些力量，以協助與你類似處境與經驗的孩子少些辛苦？

「愛的匱乏」要用愛來填補，而非用「成就」，因為那永遠沒有填滿的一天。

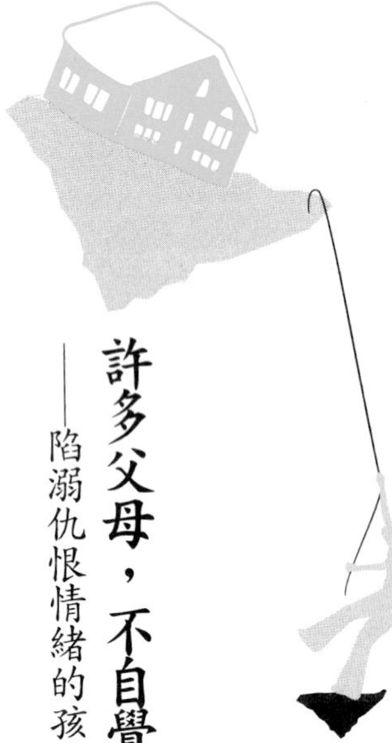

許多父母，不自覺地把孩子當成「情緒伴侶」

——陷溺仇恨情緒的孩子

他是由太太陪同過來的。雖然太太在諮商室裡不太開口說話，但是她臉上的擔憂，一覽無遺。

因為他們家剛經歷一場官司。而這場官司，險些危及他們的家計。

父親病逝的謎團

他是個地政單位的公務員，大學畢業後沒多久即順利考上公職，生涯歷程堪稱平

面對父母，我們都曾經傷痕累累……

順。對他而言，自小相依為命的母親是他生命中最重要的精神支柱，所以窮盡努力想讓媽媽早些享清福，過過好日子。

至於父親，在他還懵懂未知的幼兒階段即因病辭世，來不及陪他好好長大，見證他的成就。

對於父親的離開，年幼的他曾數度向媽媽問起，媽媽總是帶著幾分哽咽回答：「爸爸生病的時候沒有遇到好醫生，所以病情被延誤了，沒能救回來。」

後來發現每次聊起父親，媽媽總是難過得無法自抑；他不想看到母親難受，便極少再提起。

但這一切，在他甫入國中之際，產生了劇變。

升上國中一年級後，學校辦理了親師座談會，在家長自我介紹時，媽媽意外從另一個母親的口裡聽到了一個熟悉的名字：「大家好，我是小翔的媽媽，我的先生是XXX醫師，在某教學醫院的外科部服務。假使有幫得上忙的地方，請大家不用客氣。」

她聽到「XXX醫師」時，顫抖著身體，激動不已。

強忍著情緒，直到輪她自我介紹時，她勉強站起身來，顫抖地說：「我是小志的媽媽，也是個單親媽媽……」

她舉起手，眼眶裡滿是悲憤的淚水，指向小翔的媽媽，「因為小志的爸爸被她的先生給誤診害死了！」

頓時全場一片譁然，隨即陷入一片死寂。

沒人敢相信自己的耳朵所聽到的內容。而這一幕，看在孩子的眼裡，更是震撼。

成為孤兒，生命被仇恨充滿

母親不忍讓孩子面對「同學的父親，竟是害死自己父親的兇手」如此殘酷的事實，所以親師座談會後沒幾天，便把他轉學到學區裡的另一所中學。

時間飛逝，多年以後，努力不讓母親失望的他，大學畢業隨即順利考取公職，並且覓得一個很棒的伴侶，一起建立了家庭，讓母親很是欣慰。然而，婚後不久，本來與他相依為命的母親即因長久操勞成疾，癌末病逝。

至此，他正式成了一個孤兒。在午夜夢迴之際，常感到悲痛莫名。

母親過世後不久，他意外發現小鎮上開了一家新診所，診所負責人竟是當年害死他父親的醫師與他的兒子。

霎時間，他內心情緒翻騰不已，忍不住想到：「如果不是當年父親早逝，母親也毋須長懷憂恨、操勞過度，我此刻便不會這麼早就成為孤兒了！」

他越想越氣憤，腦海裡不禁浮現國一時親師座談會的景象，認為一切的不幸，都是源起於當時父親被那位醫師誤診病逝。

仇恨情緒的驅使下，他開始在許多與醫療相關討論區或網站平台散播一些諸如「XXX醫師是庸醫」、「XXX醫師殺人害命」等言論，或是留一些污衊、攻訐診所的留言。

幾個月後，他接到了法院的傳票：他被提告「誹謗罪」，並被求償一筆為數不小的金額。

接到傳票的他，又驚又氣，太太則是又驚又懼。由於證據確鑿，法院判決結果一如預期：誹謗罪名成立，但予以緩刑。慶幸的是：對方在民事上，最終僅求償象徵性的「一元」，合併要求案主登報道歉，並且在所有曾發表文章的網站同步貼上道歉內容。

他所服務的單位在獲知判決結果後召開人事評議會議，並進一步了解其中原委。念及案主幼時的創傷經驗且剛經歷母喪，做出包含「需自費接受心理諮商」在內的保護性懲處決議；雖然暫緩升等，但至少保住了工作。

直至此刻，夫妻倆心中的大石，才緩緩落下，並來到我這邊。

究竟是誰的「仇恨」？

「心中被仇恨充滿的日子，我想一定很難熬，很辛苦吧？」我說。

「嗯……」他低頭沉思了半晌，「還差點賠上了我自己的前途。」

「差點賠上的，恐怕不只是你的前途……你看看你太太擔憂的神情就知道。」我刻意頓了一下，望向她的方向：「如果再繼續下去，可能連這個家都會陷入危機。」

兩個人很有默契地一同報以我尷尬的苦笑。

「你有沒有注意到，你的『仇恨』是什麼時候開始的？是爸爸過世後？還是媽媽過世後？」我問。

他搔搔頭，沉思了一會兒，「這樣說起來，好像是媽媽過世後。因為爸爸過世時，我還很小，小到沒有太多記憶，所以關於爸爸的事情，幾乎都是聽媽媽轉述的。」

「那麼，你的仇恨，真的是因為父親的關係？還是其實，是出於對媽媽濃烈不捨的情感找不到出口，而這對醫師父子正好成了最好的對象？」我帶著幾分正色，緩緩地把每個字說清楚。

他再度陷入我熟悉的靜默。

面對父母，我們都曾經傷痕累累……

「也許，**你真正該處理的，是失去母親的傷痛**。」臨分別前，我做出這樣的邀請。

「仇恨」與「憤怒」，常是人們拒絕面對「失落」、「遺憾」的最佳偽裝。只是當局者迷，有多少人能夠看得清楚？

心理師暖心分析

在許多帶著仇恨情緒來到諮商室的孩子或成人身上，我觀察到一個很特別的現象：他們不一定親身經歷過他們口中描述的事件，但情緒的反應卻彷彿親身經歷過那般。

我心中不免好奇：這些情緒是怎麼來的？為什麼可以描繪得如此深刻？

後來，我逐漸發現親子間的情緒感染力，遠遠超乎我的想像。

例如：**有許多父母，會習慣性地把孩子當成「情緒伴侶」，盡情傾倒自己在生活、工作、婚姻中的不滿或怨懟，藉以得到情緒的安撫與照顧**。

對父母而言，也許只是單純的情緒宣洩，然而對孩子來說，不一定有能力區辨父母所說的內容是屬於「單純的情緒宣洩」，抑或是「認真地尋求同盟」，且往往隨著親子間的關係愈加緊密，這樣的情緒界限愈是難以劃清，常見孩子誤將父母的情緒當成自己的情緒而產生了扭曲認同，同仇敵愾地一起「抵禦外侮」。

在孩子心中，那宛若一種「效忠」，藉以爭取更多的愛、認同，與親密感。上述故事中的案主，即是一個典型的例子。事實上，他對父親已毫無記憶，關於父親的一切，全賴母親的描述；對於父親的離開，僅僅只殘留「淡淡的遺憾」。然而，自幼為了與母親的情緒同步，更貼近母親，不知不覺中，他似乎也漸漸認同「父親是被害死的」這樣的說法，以便母子倆一起把矛頭指向對方。

透過這方式，**不僅母親的情緒受到照顧，也滿足了他自己「照顧母親」的需求**。卻使得他自己更難以面對「失去母親」的哀傷失落情緒，持續停留在「否認」（Denial）的階段（註），並偽裝成「仇恨」的樣貌出現，導致生命停滯不前，甚至差點付出無可挽回的慘痛代價。

面對父母，我們都曾經傷痕累累……

親子間的情緒垂直感染力，讓我們時常感受到來自父母親的負向情緒，並在未經覺察的情況下深受影響。

對孩子而言，「辨識這些情緒」成了很重要的課題；對父母來說，則是透過自我覺察，避免把孩子當成「情緒伴侶」，讓情緒污染了孩子。

・給孩子的療心練習：為「情緒」立界限

1 將自己生活中常出現的負向情緒列出來，並檢視它們對自己的生活，甚至生命的各種影響。

2 這些情緒的來源，如何受父

情緒類別	對自己生活的影響	如何受父母影響	其他反應選項
仇恨、憤怒	當自己感受到委屈、失落時，容易被仇恨與憤怒情緒充滿，而難以面對哀傷與失落。	母親難以走出喪偶的傷痛，並且不斷告訴孩子「這一切都是別人害的」，以此方式為自己的情緒找到出口。	正視並處理「哀傷、失落」情緒，先於「仇恨、憤怒」情緒。
過度焦慮	面對壓力情境，時常讓自己失控到無法發揮該有的能力水平。	父親遇到壓力時，時常焦躁不安、歇斯底里，失去原有的判斷力，也會飆罵孩子。	凝視自己的焦慮，探究焦慮情緒來源與合理性。

母影響？

3面對容易誘發自己情緒的情境，除了原先的回應方式外，還有什麼選擇？

•給父母的療心提醒：

1父母的「情緒伴侶」，該是另一個成人（例如伴侶、手足），而非情緒區辨能力不足的孩子。

2當你的情緒屢屢失控而無法停止負向循環，且時常嚴重影響你生活功能時，請尋求專業人員的協助，而非僅僅找尋支持與傾訴的對象。

註：一般人在面對哀傷失落時，常見以下五個階段狀態（Kübler-Ross，一九六九）：

1否認（Denial）：拒絕接受所愛的人離去的事實。通常是面對重大失落事件時，第一個出現的狀態。

2憤怒（Anger）：對於「為什麼是我所心愛的人？」或「為什麼是我們家？」感到極度痛苦與無法接受。

面對父母，我們都曾經傷痕累累……

3討價還價（Bargaining）：我是不是還可以多做些什麼，以避免所愛的人之離開？或是產生類似「如果可以，我願意拿我的生命來交換」的想法。

4沮喪（Depression）：體認到事實的不可逆，對所愛的人之離開感到絕望、斷念。

5接受（Acceptance）：慢慢接受事實，並逐漸重新適應逝者不在的生活。

之二

原生家庭的傷害，像生命裡的黑洞……

懂事的孩子≠不需要愛

——影子般存在的孩子

「人家都說雙胞胎會很像，但我跟哥哥的個性完全不同。」他說。

平心而論，雙胞胎要同時考上我服務的學校，不是件容易的事情，特別是在十二年國教之前。

但每一兩年，校園裡就會出現一對雙胞胎兄弟檔。在我執教生涯裡，大約遇過近十對，就屬他們這一對讓我印象最深刻。

我本來只與哥哥談。那是在高一上學期末，導師陪同家長過來找我，希望我介入協助。

原生家庭的傷害，像生命裡的黑洞……

諮商室中，家長不斷強調：哥哥從上高中以後，狀況層出不窮。

我的工作經驗告訴我：一個孩子，通常不會在上高中以後才突然出現狀況，更何況是入學到現在，一個學期都還沒過完，就一籮筐翻牆蹺課，與同學及師長衝突這一類被學校視為重大違規的事件。若非是上高中以後，遇到重大事件（例如課業挫敗、家庭或親子出現狀況），導致劇變，要不就是父母對學校有所隱瞞。

果然，在與哥哥談過後，發現他對「被輔導室約談」這種事很熟悉，所以沒有太多的拒絕，只是常顯露出一副滿不在乎的姿態。

「老師，我國中就已經是這樣啦！又不是上高中才變這樣的。約談我沒關係啦！反正我習慣了。」他語帶訕笑，豪氣地說。

我心理有譜，知道這談下去，大概要拉長戰線，長期抗戰。孩子的狀況既已持續多年，又怎能期待改變的產生只需一兩個月？

懂事的孩子，努力不讓爸媽操心

只是有件事我一直很納悶。

兩個雙胞胎兄弟，一個是教官室與輔導室的常客，另一個在爸媽口中，極盡「乖巧、聽話、懂事」，完全不用他們操心。個性落差這麼大的兄弟檔，我不是沒看過，但雙胞胎兄弟倒第一回遇見。

這引起我很大的好奇，總覺得其中會有些故事，所以決定會一會這位雙胞胎弟弟。

謙和有禮，臉上堆滿笑容。這是我對他的第一印象。所以「好學生、好孩子」這樣的詞，加在他身上，我一點都不意外。

反倒是他自己，被我找來，有點戒慎恐懼。

「老師，怎麼了？是不是我哥又出了什麼事？」他語氣略顯焦急。

「沒！跟你哥無關，我只是單純想找你聊聊。聽起來，你以前常常因為哥哥的事而被找去問話，是嗎？」我問。

他鬆了一口氣，「也不算常常啦！但若被約談，真的大多是因為哥哥的事。」

「那你自己的事呢？」我看著他。

「我？我沒事啊！爸媽光煩我哥哥的事，就已經快被煩死了。他們很辛苦，所以我不想讓他們還要操心我。」

這句話，從一個十六歲未滿的孩子口中說出來，驗證了他父母口中所說的「體貼、懂事」，成就了一個好孩子的典範。

但聽在我耳中，他的早熟，卻令人感到一陣心酸。

「我知道你很努力不讓爸媽操心，他們也的確是這樣描述你的，說你很乖，很獨立，幾乎不用花時間照顧你。」

最後一句，我刻意加重語氣。

「喔！」他表情閃過一絲落寞，但沒有停留太久，隨即又擠出旁人所熟悉的笑容，補上一句，「那很好啊！」

「你對你爸媽的確是很好，你哥哥也有爸媽與一堆師長關心。那你呢？生活中，誰可以對你好？」我問。

過早親職化的孩子

他皺起眉，看得出來很認真地在想我拋出的問題。

不等他回答，我接著說：「哥哥重要，但你也很重要。我知道你體貼爸媽辛勞，不想他們操心，所以我們折衷一下，若你有事情需要講，可以來找老師討論，我們一起來篩選哪些事適合讓爸媽知道，以及要怎麼說，你覺得如何？」

面對一個凡事都先想到別人的孩子，有時候半勉強式的給予，反倒適合。

「真的可以嗎？」他怯怯地問。

聽在耳裡，又是忍不住一陣心疼。

成熟懂事的孩子，「穩定」的特質容易讓大人誤把「不需要操心」與「不需要愛」劃上等號，而使他們感受到被忽略，彷彿變相被懲罰。然而，這樣的孩子，不是應該值得我們更多的疼惜與感謝？

令人心疼的是：無論在諮商室裡，或是在教育現場，我都看到好多**「過早親職化」的孩子，用「孩子的身分」，在家庭系統裡扮演「照顧父母」的角色卻不自知；**即使在心理歷程上孩子滿足了自己的價值感，但是**「價值感」終究無法填補「失落感」**。

因為，一個是透過「給予愛」去確認自己的存在（價值感），一個是因「感受不到愛」而衍生的自我懷疑（失落感），無法相互替代。

心理師暖心分析

與家庭一起工作，進行會談時，常會發現：在家庭裡，當有一個孩子出現狀況

（例如生病、障礙、在學校出現問題），父母親常常傾全力去救助有狀況的孩子，以至於耗盡心力，無暇關照其他手足。

這時候，其他的孩子會出現兩種常見的選擇：

一、抱怨父母偏心、不關心自己，會主動討愛，雖然可能被貼上「不懂得體諒父母」的標籤，但因為行為外顯，聲音容易被聽見，也較懂得在向父母要不到愛後，要另尋出口。

二、成熟懂事，知道父母沒有多餘心力可以照顧那麼多人，於是窮盡心力讓父母放心，希望他們無後顧之憂，得以傾全力照顧有狀況的手足。雖然理智上會不斷告訴自己「父母不是故意不愛我，實在是力有未逮」，但在認知上，有些孩子還是容易不自覺衍生「我不重要，否則爸媽為什麼只關心哥哥（或其他手足），不關心我？」的信念，以及伴隨而來的矛盾情緒。

這樣的信念，如果延續至後來的親密關係，**認為自己不重要，往往習慣在關係裡犧牲或退讓以成全對方**，不敢感受太多自己的情緒，在關係中自己的聲音與需求不見了，甚至不敢開口要，怕造成對方的壓力與負擔！

就像幼時的自己在家庭裡扮演的角色，以及怕造成父母的負擔那般，彷彿是種「影子」般的存在：沒有聲音地默默跟隨、守護家人，容易使人忽略「成熟的孩子，終究仍是個孩子，同樣需要愛與關注」的事實。

成熟的孩子，大多性情穩定、富有耐心，也很願意包容與接納有狀況的手足。而這樣的孩子，檯面上看似在照顧手足，事實上也間接透過「犧牲」與「成全」，變相照顧疲於奔命的父母。

療心練習與叮嚀

一、拿出一張白紙，繪製「家庭成員關注焦點」關係圖。

1在紙上繪製圓圈，每一個圓代表一位家人；圓圈越大，代表在家裡的重要性越大。

2將每個人關注的方向與焦點，以箭頭表示。

3在線條旁邊，寫下「表達關注或照顧的方式」。

二、療癒書寫之一：看著自己所畫完的關係圖，寫下自己的洞察！特別是**聚焦於洞察自己在家庭中的角色，以及身在其中的感受**。

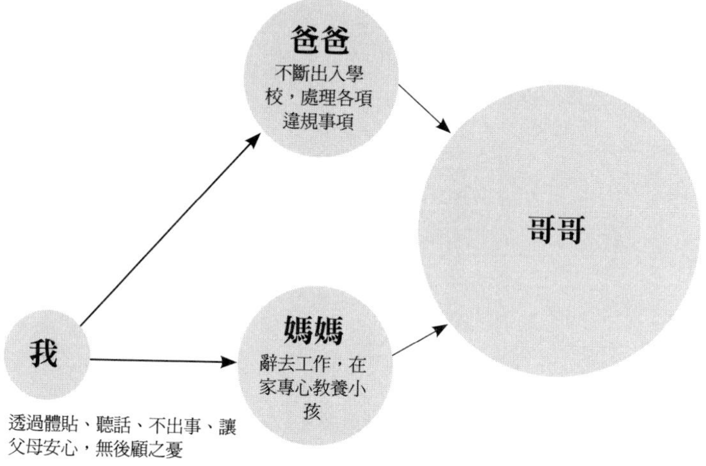

【家庭成員關注焦點】關係圖示例

三、療癒書寫之二：給家人的一封信。正視自己對「愛與關注」的需求，並書寫下來，目的是讓家人知道你有看見父母的辛苦，也願意體恤；同時也幫助你自己與父母、手足看見你為這個家庭的付出與努力，但**並非製造父母的愧疚感，掉入另一個負向情緒的迴圈裡**。最後，肯定自己在這個家庭裡同等重要。

「給家人的一封信」示例：

親愛的爸媽：

辛苦了！一直以來，我知

道你們因著哥哥的事而疲於奔命，所以幾乎無暇顧及其他事情、其他人，這一點，我看在眼裡，也很清楚明白。

所以一直以來，我很努力照顧好自己、不想讓你們還要為我操心……（以下略）你們知道為什麼嗎？因為：我愛你們，所以很願意一起為這個家付出、一起努力。只是，有時候難免還是會失落、孤單，覺得自己沒那麼重要，甚至會偷偷羨慕起哥哥能夠擁有你們完整的愛與關注；而每當我這樣想的時候，心裡不自覺會升起一股罪惡感！責怪自己太不懂事，太不成熟……（以下略）

雖然你們從沒開口告訴過我：「孩子，你跟哥哥一樣重要！」但我一直告訴自己：你們只是忙累到忘了說，不是嗎？至少我心裡是這樣認定的。

不為什麼，只因：你們是我的家人，我愛你們。

父母辛苦大半輩子，我怎麼可以如此自私？

——被剝奪選擇權的孩子

獨子的糾結

從我懂事以來，「你要當老師」這樣的聲音來自四面八方，不絕於耳。升大學的志願卡上，有六十六個志願可填，我填了五十五個，將所有師範大學、師範學院填過一輪，足足繞了台灣兩圈，沒填半個普通大學的科系。

大學一年級時，我就知道慘了！因為不確定這科系是不是我要的，完全無心在課業上，學業成績在班上倒數前三，間接開啟了我在大學期間持續好久的情緒低潮。

直到大學畢業前一年，我選修了「家族治療」這門課，意外一頭栽進「家庭系統理論」領域，跟著我很喜愛的指導教授郭麗安老師學習結構學派家族治療，用在解構我自己與原生家庭的關係，我才深刻理解：原來，**獨子的角色，讓我與原生家庭的關係界限如此的糾結**，濃烈到化不開，也因此無力抵擋家人（尤其是父母）對我個人界限的侵擾，包含「生涯抉擇」。

對自己的批判

於是，雖然我心裡對於成為一個教育工作者有很多美好的憧憬與想像，也準備好自己，告訴自己最終仍會回到教育崗位上；但在完成一整年師資培育實習後，我卻半賭氣似地，毅然決然做了一個令他們難以接受的決定：「逃離教職」。

然而，內心持續有一股聲音迴盪著，批判自己「我的父母為了我們幾個孩子辛苦了大半輩子，我是唯一一個有機會不用令他們操心的，也是他們下半輩子的仰望與依靠，我怎麼可以如此自私？」

那種掙扎與矛盾，是一個生在傳統閩南家庭，自小乖順成習的獨子，才會懂的痛

原生家庭的傷害，像生命裡的黑洞……

苦。

及早樹立界限

隨著一封封因缺考而零分的教甄成績單寄到家裡，我讀得出來他們眼裡的失望與失落，我內心的罪惡感油然而生，差點又跌了回去。「**親愛的爸媽，我很願意孝順你們、愛你們，但生涯是我自己的，這是兩碼子事，不應該混為一談。**」

我在心裡不斷對自己說：「如果樹立界限的過程，難以避免讓你們感到難過與痛苦，那麼，何不趁你們還有力氣因應調整時，及早開始？否則，對你們不也是種殘忍？」

然後咬著牙，心一橫，大步往前走。

說來微妙，有很長一段時間，我以為自己沒得選擇，這輩子大概就這樣了，充滿著獨子宿命的無奈。但在那一次的「不聽話」之後，生命突然變得無比寬廣與開闊，充滿各種可能，逐漸長成我自己喜歡的樣貌，而非我父母喜歡的樣子。

父母習慣我的「不順從」

一段時日後，我按自己的規劃回到教育崗位，返回高中母校，從事青少年輔導工作，但我心裡清楚明白：回來，是為了我自己，而非為了我的父母，並且甘之如飴，徜徉其中。

這些年下來，我的父母依然會出於慣性，試圖干預我的婚姻關係或育兒教養，但他們也漸漸習慣我的「不順從」，意識到**他們有「關心的權利」，但沒有「主導的權力」**，被迫放手。

努力維持原生家庭，自組家庭間應有的界限，雖然艱難，但我已看見曙光，以及他們願意開始學習尊重。

心理師暖心分析

許多諮商心理學家都認同家庭是一個複雜的情緒與互動系統，大多數個人或家庭成員的心理困擾，是家庭系統運作問題的副產品。

其中，「界限」（boundary）的概念，更被廣泛運用在詮釋與理解家人互動與一般人際關係。我們口中常說的「分際拿捏不準」或是「管太多」、「撈過界」，其實都是「界限」出了問題。

而「界限」在家庭裡與家人間，則常見以「剝奪、侵犯，或僭越責任與權利」的樣貌呈現。

例如，最常聽到的「直升機父母」，即是父母透過僭越界限，代孩子出面解決問題，間接剝奪孩子學習為自己負責、成長的權利。孩子習慣被照顧得無微不至，連上學東西忘了帶，都認為是爸媽的錯；或是直接介入主導孩子的生涯抉擇，無論是升學、工作、婚姻、育兒，孩子久而久之也誤以為「做決定」不是我的責任，是爸媽的工作，所以我不用為自己的生命負責。

甚至「爸媽時常告訴孩子，我不快樂都是因為你」，讓孩子誤以為自己需要為父母的情緒負責。

在強調家族觀念、期待緊密融合的華人社會裡，界限相對薄弱與模糊，上述的狀況更是屢見不鮮。

療心練習與叮嚀

假若你發現自己常常沒來由的對父母有很多憤怒、不滿，或是不合理的罪惡感，很多時候是你與父母之間的「界限」出現狀況，致使親子之間的情緒過度糾結。

此時，可試圖從眾多引起你情緒的事件中，找出跨情境的共同元素，問問自己「互動過程中的哪個部分，讓自己這麼不舒服？」大概即可窺知一二，再進一步思考如何調整或因應。

建立界限的過程，衝突、家庭氣氛低迷（或情緒高漲）、情感的煎熬……等，雖難以避免，但只要把握以下原則，可有效緩和，並縮短風暴期：

一、界限清楚，原則明確：若把界限想像成一條無形的線，希望對方不要越線，那麼就需得讓對方明確知道「我的線畫在哪裡，什麼樣的情況下，會踩到我的線」。而**當對方踩線（即使有時是出於慣性，而非故意）時，「溫和卻又不失堅定」地回應，以及不厭其煩地反覆提醒**，都能使那條線日漸清晰。

二、愛與界限，適度並存：心裡清楚明白「我不喜歡你們的過度干預，但除此之

原生家庭的傷害，像生命裡的黑洞……

外，我依舊是那位你們所愛，也愛你們的孩子，兩者之間並無衝突」。並且在互動中實踐，試著讓父母感受得到。

避免父母過度焦慮於「孩子不再聽話，衝突漸多，是不是不愛我們了？」因而情緒反應極大，甚至**在心理狀態上翻轉成為「受害者」，以情緒勒索的方式，釋放出「你這樣做，讓我們很難過」，引發子女的罪惡感而放棄好不容易建立的界限**。

「樹立界限」這條路，一旦踏上了，姿態再怎麼不優雅，再如何艱辛，即使跌跌撞撞、咬牙苦撐，擦乾眼淚後，也要把它走完。

因為，每一次的中途放棄與妥協，都像是在宣告：「其實，我也可以不堅持。」會累加日後的艱難程度。

是爸媽對不起我，害我變這樣？

——失能的孩子

那一天，我在報紙上看到了這個孩子與媽媽被採訪的報導，嘴角不自覺漾起微笑。

轉眼間，他已經大四，但我腦海裡的畫面，盡是他帶著一股可愛傻勁的招牌傻笑，以及在他高一入學時，媽媽在特教轉銜會議（註）上震懾全場的分享。

每年，我們學校大約會有八至十個，不同類別的身心障礙孩子新入學，展開他們艱辛的高中生活。接下來，我喜歡觀察一件事：從每一次與孩子、家長的互動裡，去感受「孩子的生活自理能力」，與「父母教養」之間的關係。我總認為，這件事比什麼都重要，也幾乎可以據此評估這孩子未來有沒有能力照顧好自己。

以及，他用什麼視框去看待這世界，看待他周邊的人。

父母終會離開，要為孩子留下什麼？

這麼多年下來，有少數幾個孩子讓我印象極度深刻；他們成績都不太好，屬於勉強有大學念的那一類型，所以絕不是因為成績好到讓我跌破眼鏡，而是他們的特質與韌性。

就像被採訪的那個孩子，重度自閉症（當年重度的有兩位，他是其中一位），國三升高一的暑假，一確定入學，媽媽就帶著他來到學校，從教務處、學務處開始拜訪起，最後來到輔導處。

如果單看媽媽這種未雨綢繆的動作，有些師長除了肯定家長的用心，還會擔心「這個媽媽，會不會是直升機父母？怎麼才一確定入學，離開學都還有一大段時間，就急著為孩子做這麼多？」

後來，我懂了。當天，是媽媽第一次帶著孩子從家裡出發，循著未來孩子要上學的路線，包含騎腳踏車、等公車、搭公車等，換不同交通工具，再走一小段路，進到校園來，並且帶著孩子熟悉各行政辦公室的位置。

這一段路，對我們一般人而言，走過一次，就會像電腦開啟常駐程式一樣，每天自動執行，過程中無須思考，都可以到得了學校。

但，對於一個自閉症的孩子來說，「從家裡到學校上學」這段路有多複雜，非我們所能想像。所以整個暑假，母子倆每天都在做這件事情。

直到開學前一週，媽媽試著放手，讓孩子自己走，而她悄悄跟在孩子後面，跟了一整週，確定孩子沒有問題，接著完全放手。

開學第一天，這孩子就在完全沒有家長陪同的情況下，自己獨立上學。長達三年，風雨無輟。

收起眼淚，訓練孩子自理能力

新生入學後的第一次轉銜會議上，她這麼分享她與孩子的故事。

「當我聽到醫師告訴我：『這孩子能學會生活自理能力，就很不錯了，別期待太高。』我當下崩潰！自閉症的孩子出門，看見陌生、新奇事物，都會又叫又跳，我因此被旁人指責『不會教孩子』更是常有的事，來自長輩的責難，就更不用說了。

我們一邊努力地帶他四處求醫，一邊帶著愧疚感走了好多年，卻發現孩子的情緒一直不穩定，進步得很慢，我也跟著挫敗、沮喪。有過一段時間，需要靠藥物治療（憂鬱）。」

她說到這邊，全場已是鴉雀無聲，全都將眼神投向她，聚精會神。

她接著說，「後來，我意識到自己與孩子的生命幾乎完全停滯了好多年，我想到萬一有一天我們突然走了，他就只能這樣，那該怎麼生存？於是，我收起眼淚，把愧疚感放一旁，把握機會，專注在訓練他的生活自理能力。同一件事要練習十遍、百遍都沒關係，只要能一件一件慢慢學會，多學會一個能力，他就可以更獨立、更安全一些。上國中後，他第一次自行上學，我偷偷跟在後面，直到他進學校。回程的路上，我激動到一直哭、一直哭。」

在場，有很多師長與家長，眼眶也都跟著紅了。

包含我自己，眼前已一片模糊。

會議結束後，我們邀請她到辦公室多聊聊關於孩子的狀況。

我難掩激動地開口對她說：「孩子的媽，謝謝妳把他教得這麼好，我們也很幸福。妳是怎麼做到的？」

心理師暖心分析

這些年下來，這些孩子的故事，這些親子互動，都不斷地告訴我，向我強調一件事：**帶著愧疚感教養孩子的父母，很難教出「獨立」與「具有同理能力」的孩子**。

而這個現象，不只是在這些孩子身上看見，我更發現：幾乎所有家庭，不管父母是因為什麼原因而帶有愧疚感，都常見如此。

即使他們盡力給了孩子滿滿的愛，但依舊覺得自己補償得不夠。世界上沒有人比父母更希望孩子能夠健康、快樂長大，所以父母會有很多的遺憾與心疼。但**孩子是很敏銳的**，他們會從與父母互動的過程裡，感受得到他們的愧疚感與虧欠，並且**真的容易誤以為「是爸媽對不起我，害我變這樣」**。

愧疚感，像是「船的錨」，會沉重到讓家庭的生命之船無法往前航行，一直停滯在原地，直到腐鏽，也會阻隔家庭成員間情感的流瀉，真實的接觸，並且扭曲了「愛」的本質，讓愛難以被感受與看見。

原生家庭的傷害，像生命裡的黑洞……

療心練習與叮嚀

•給「來自於父母懷著愧疚的家庭長大的孩子」的心理提醒：

當「愧疚感」成為一種情緒勒索，遭啃噬的是自己的生命。

我們的憤怒、不平，常常伴隨父母對我們的愧疚感而生，但我們卻不自覺。他們的愛，時常被愧疚感扭曲而變質，因而感受不到他們的愛，以為他們不愛我們。

不管他們對我們多好，付出多少，不願領情，不想感謝，內心總會有一股聲音：這是你們理應對我的補償。

接著，從一次次的互動裡，更加鞏固「你們要為我的處境負責」之信念，忘記他們會比我們更早離開這世界的事實，不願面對有一天我們不再有人可以責怪的失落。

如果可以，他們會很願意幫我們負責我們的生命，甚至代我們過這一生，因為不忍我們這麼辛苦，也可卸下一輩子壓得他們喘不過氣的愧疚感。

世界上沒有人比父母更希望孩子能夠健康、快樂長大。原因無他，只因為他們是我們的父母，如此而已。

• **給「家庭中主要教養者或其他家人」的心理練習：**

如何辨別自己的付出，是「源自於愛」？還是「源自於愧疚感」？「源自於愛」與「源自於愧疚感」的付出，往往長得很像，但心理的回饋機制卻大相逕庭。

唯有從生活中的互動，練習辨別自己的付出是源自於「愛」或「愧疚感」，才能增進自己的覺察，避免自己總是帶著愧疚感面對家人或孩子。

兩者間的差異在於：**源自於愛的付出，會得到的是「正向能量的滿足與幸福感」；源自於愧疚感的付出，會得到的則是「暫時削弱的罪惡感」**。

一開始的辨識練習，可在付出之後自我檢核：付出完後，得到的是「正向的幸福與滿足感」？抑或是「暫時削弱的罪惡感」？

假以時日，覺察能力提高後，將辨識的時機點提前至「付出之前」，問問自己：按過往經驗，付出後，可能會得到的「感覺回饋」是什麼，再決定是否要做，或是可以如何調整。

註：「特教轉銜會議」乃為協助身心障礙孩子於求學階段轉換時，教育資源得以順利銜接的會議。

他始終用「那個男人」稱呼爸爸

——守護家人的孩子

「老師，您還記得我嗎？」我望著眼前這張曾讓我印象極為深刻的面孔，一時半刻卻喚不出名字來，心中著實小小地挫折了一下。

當年在我的課堂裡，他自告奮勇擔任小老師，盡責又細心，實在很難讓人與他現今粗獷的外型連結在一起。

他身材不算高大，但體格精實，尤其是那身黝黑的皮膚，在同學之間更顯突兀。出身自農家的我，直覺以為同是農家子弟，因放學後與假日要幫忙農務，所以才曬得一身黑。

「老師，我家養蚵，靠海吃飯，所以才會曬得這麼黑啦！」原來，他家就在我祖厝隔壁一個靠海的聚落，以養蚵聞名。

通過孩子的「觀察期」

起初，我只是覺得這孩子特別得我緣，下課除了常來幫同學詢問與課程、成績相關的問題外，也喜歡陪我走回辦公室，有一搭沒一搭地閒聊。

還有另一個引起我特別注意之處：在一次，我讓學生互相給回饋的小活動裡，他收到的盡是「有正義感」、「見義勇為」、「很照顧人」……等這一類的回饋；他雖不兇，但班上同學都敬他三分。

有一天，他突然出現在我座位旁，怯生生地問：「老師，我可以跟您約一下時間，談一下嗎？」

後來，我才知道自己通過了他的觀察期；知道的那一刻，我忍不住倒抽了一口氣，心裡捏了把冷汗：「萬一我沒有通過他的信任度考驗，那這孩子該怎麼辦？可以去找誰求助？」

原生家庭的傷害，像生命裡的黑洞……

互控家暴的父子

他出生自一個家暴家庭，施暴者是他的父親。原先父親的施暴對象僅限母親，直到他進入青春期，開始會回嘴之後，爸爸也會揍他。

「我永遠忘不了，『他』第一次扁我的時候，媽媽不知道哪來的力氣，拚命想拉住他；但是，個子嬌小的媽媽力氣怎麼可能敵得過他？所以，後來只能眼睜睜看著我被扁，然後我們母子倆才抱在一起哭。」

自始至終，在他的話語裡，從不曾出現過「爸爸」、「父親」等字眼，都是用「他」或「那個男人」來稱呼。在一個自幼從父親身上感受到的傷害遠大於愛的孩子身上，看到這樣的反應，我一點都不意外。

可是隨著他漸漸長大，有些事出現了微妙的變化，例如：進入青春期後的他，身材急遽變高，加上他會下蚵田幫忙，有勞動的習慣，所以也變壯許多；他自己沒注意到這樣的變化，遑論總是醉茫茫的父親。

前幾天，父親夜裡醉醺醺的返家，一如往常發起酒瘋，大吼大叫，把全家人從睡夢中吵醒，對他與媽媽飽以老拳後，還意圖要揍妹妹，他顧不得自己身上的疼痛，衝到妹妹前面擋了父親一拳，接著把父親壓制在地上。

一夕之間，他被迫從「男孩」長大，成為有能力保護媽媽與妹妹的「男人」。

最令他傻眼的是：隔天轄區員警到家拜訪，表明父親堅持控告兒子對他家暴，還提出驗傷單，讓熟知這家人狀況的員警頻頻直搖頭。這也是他來找我的原因。

「老師，我會不會有事？」他的臉上，又是無奈，又是擔憂。

當著他的面，我打了一通電話給當地熟識的一位巡官了解狀況，好讓他安心。

而後，學校緊急安排了一個宿舍床位，以為安置。

「我如果住進宿舍，那媽媽跟妹妹怎麼辦？誰保護她們？」直至這一刻，他心裡最掛念的，依舊是家人，而非他自己。

經評估後，尊重孩子想留在家裡的決定，並協請轄區派出所多加關切。而父親大概是意識到兒子大了，有反擊能力，反倒開始有所顧忌；加上警員的關注密度高，所以明顯收斂許多。

家人，是他最大的懸念

他畢業後，我就再也沒有看過這張面孔，直至今日。

十餘年過去，他依舊守護著家人。前段時日，妹妹終於結婚，他滿心歡喜地送妹

原生家庭的傷害，像生命裡的黑洞……

妹出閣，心頭也了卻一樁心願。

「那你自己呢？有什麼打算？」我問。

「嗯？」他第一時間沒反應過來，聽懂我的問題後，頭低了下去，輕嘆了一口氣：「只要媽媽與妹妹平安、幸福就好，我無所謂。」

「你確定這是媽媽與妹妹樂見的結果？」

我忍不住拋出這個問題，他再度語塞。

長兄如父的他，完全替代了那個失功能的父親，卻也令人心疼不已；而我相信，心疼他的，絕不會只有我，還有這些年來受他保護的媽媽與妹妹。

心理師暖心分析

在許多家庭裡，因著親代功能的喪失，所以**很多孩子被迫提早長大，一肩挑起親職功能**；這樣的情況，**最常在長子與長女身上看見**。

若是自願投入「守護家人」任務的孩子，往往以家人的安全與幸福為己任，即使賠上了自己的婚姻、家庭，以及可能擁有幸福的機會，也在所不惜。

這樣的孩子，在年幼時可能即已投入許多心力，保護家人的安全；隨著年紀漸長，能力愈增，越期許自己可以提供給家人更多的保護與支持。

最令人心疼、不捨之處，在於他們很少為自己的生命或生涯打算，所有的規劃，都繞著家人打轉：因為擔憂家人的安全，所以選擇讀書與工作時不敢離家太遠，選擇也因此受限；因為顧慮未來的伴侶在意他投入原生家庭過多心力，所以不敢恣意追求自己的幸福，以使自己能專注照顧家人，並避免夾在伴侶與原生家庭成員之間的兩難。

等到父母辭世，手足離家，他們才發現自己的青春不再，並且因過去生活重心皆繞著家人生活打轉，幾乎等同於為家人而生，一時之間頓失重心，找不到自己的價值，更加不知怎麼規劃自己的生活，或是難以打開心房讓另一個人住進來。

除此之外，還有另一種「非自願」投入親職角色的孩子，他們依舊奉獻，始終付出，只是可能多了抱怨與不甘心的情緒，或是對於自己的心理狀態多些覺察，體認到持續留下可能只會陷溺在更多的無力感，內耗更多的能量，所以在必要時，甚至甘冒「自私」的指責，選擇暫時轉身離開，立下界限。但他們心裡很清楚：離開，是為了讓自己更有力量回來。

但其實，無論你是選擇留下或選擇離開的那一個，只要這個選擇是出於「愛」，

原生家庭的傷害，像生命裡的黑洞……

過程都很煎熬、難受，都很需要被理解與支持，更重要的是：值得每一份感謝。

療心練習與叮嚀

‧傾聽來自「被照顧者」與「自己內在」的聲音

我們時常用我們自己的方式守護我們所愛的家人，卻很少傾聽被照顧者的聲音。因此在前述的案例中，諮商師透過「你確定這是媽媽與妹妹（被照顧者）樂見的結果？」的問句來引導當事人去覺察：這些被我們守護的家人，他們的想法與感受如何？會不會過度低估或弱化他們的能力？

一、傾聽來自被照顧者的聲音：與被守護者對話

1 他們希望看見怎麼樣的你？
2 他們對於「被保護／守護」的想法與感受為何？
3 如果可以，他們希望你怎麼做？

二、傾聽自己內在的聲音：與自己對話，並寫下來

1 聽完家人的想法與感受後，關於未來，你有什麼新的想法？

2 他們的聲音，與你原先的想像，有何落差？這落差是怎麼產生的？

3 回想一下，上次你「為自己」規劃與打算，是什麼時候？關於什麼事？

4 **如果邀請「二十年後的你」對「現在的自己」說一段話，你會說什麼？**會怎麼看待現在的自己？會不會有遺憾？

5 如果重來一次，你的選擇會否不同？在心理狀態上會有何差異？

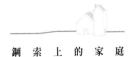

尋求父親肯定，卻不斷失落、受傷

——渴求認同的孩子

初認識時，他不過才十五、六歲的年紀，但眼前的他，已年近三十。

溫文儒雅，一身文人氣息，是他給人的感覺；當然，成長過程裡，不乏有許多人認為他缺乏男子氣概。

這些話，無論誰說，他都可以不在意，唯獨只有「他」。那個令他又愛又恨，滿懷矛盾情緒的父親。

多年來，我見過他的母親很多次，但父親，我僅僅見過一次。高中時期的他，深受憂鬱情緒所苦，有一回在學校裡情緒失控，平時擔任主要照顧者的母親人在外縣市，一時半刻趕不回來，我才有機會見到父親。

見到父親的那一刻，我彷彿看到三十年後的他，無論神情、氣質，或是談吐。忙於穩定他的情緒之際，我仍忍不住多看了父親幾眼，訝異於父子倆有多相像。

唯一不像的，是外型：在壯碩的父親身旁，原就略顯瘦弱的他，更顯瘦小。

父親的落寞

「我爸一輩子信奉『孝』，奉之為圭臬。結果把自己的一輩子也給賠上了……」他輕聲嘆息。

他說得一點也沒錯。父親大學念的是國內最高學府的電機工程系，畢業後直接到美國的常春藤名校讀研究所。在那個年代裡，他們家算是當地的望族：爺爺經營珠寶行，也做舶來品的進口生意，加上幾代遺留下來的資產，爸爸及其兄弟姊妹，個個都是「放洋」的孩子，幾乎全是醫師、律師，或是跨國銀行高階主管。除了他爸爸以外。

所有的兄弟姊妹，在出國念書後都直接在當地落地生根，成家立業，沒有人歸國，待在爺爺身邊。除了他爸爸以外。

「若非當年爺爺把所有的子女都送出國，老了以後何須淪落到這個地步？」甫一說完，他像是驚覺到什麼似的，急忙補上一句：「對不起！我怎麼可以用這麼難聽的字眼與陳述，來描述我的長輩？」

這就是真實的他，自律甚嚴，期待自己時刻謹守孝道。與他父親如出一轍。

家道中落的代罪羔羊

「爺爺的事業交到爸爸手上後，一如預期，生意一落千丈；兄弟姊妹全在國外，各擁事業。距離，讓他們有了最好的理由，可以不用回來接這燙手山芋。」

「遠房的親戚、朋友私下都笑我們家『家道中落』，甚至講得難聽一點的，連『敗家子』這詞都出來了！我真為我爸爸感到不值。」

他略帶慍火，卻不輕易顯露。

「我第一次聽你親口說為爸爸感到不值，不捨爸爸。」

他聽到這句話後，給了我一個尷尬的苦笑。

兒子對父親的殷殷企盼

「國小的時候，爸爸常嫌我太『娘』，看不下去，打我打得兇。長大以後，看得更清楚，我更覺得諷刺！

他繼續說，「他常斥責我不夠man，說我以後會被欺負，被人看扁。後來我才發現，枱面上他斥責的是我，但骨子裡，是對他自己的極度不滿。不管他再怎麼努力盡孝，仍一輩子讓爺爺嫌棄與失望，認為他太懦弱，不夠有男子氣概，也撐不起家族事業。所以他看到我，就像看到他自己一樣，覺得失望與丟臉……可是，難道他不知道他的肯定對我多重要？」眼角的淚水，訴說無盡的失落與哀傷。

「直到現在我經濟獨立了，在家裡的發言權漸大，而爸爸越來越老，很多事要仰賴我處理。我發現自己時常對他很兇，感到不耐煩；對媽媽，我卻可以很溫柔。」

他停頓了一下，語氣微揚，「可是，我怎麼會變成這個樣子？我以前很討厭他這樣對我，到頭來卻殘忍地發現：我跟他根本同一個樣，而且越來越像。」

語罷，他癱坐在椅子上，陷入深沉的無助。

人，是種很微妙的動物。**我們往往花了很多力氣在避免自己成為跟父母一樣的人**（甚至在心裡發毒誓），**最後卻常驚覺：原來，自己正一步步靠近。**

原生家庭的傷害，像生命裡的黑洞……

「不過，有一點，你跟爸爸很不同：你有很高的覺察能力。雖然過去十多年來你也因此受了不少苦頭，但也確保：假使有一天，你有機會成為父親，你會是個更棒的父親。因為，你絕不會這樣對待你的孩子，不是嗎？」

他抬起頭來看著我，眼淚已在眼眶裡打轉。

心理師暖心分析

幼時有很長一段時間，我非常在意父親是否滿意我的表現，深怕他對我感到失望；無論多少師長、同學的肯定，都抵不過父親一句，「你表現得很好，讓我們家很有面子，沒有丟臉。」

邁入成年前期，我開始討厭父親近乎杞人憂天似的焦躁不安、嘮叨、缺乏耐性、過度保守、欠缺決斷與魄力……等，直到年紀漸長，驚覺到許多我所嫌惡的，在父親身上看到的特質，原來也出現在自己身上。

所以，這不只是那個男孩的故事，更是很多發生在你、我家庭裡，或是諮商室裡，我所聽到許許多多的生命歷程。

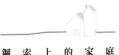

而在這些故事裡時常看見：父親，對大多數男孩而言，在兩個向度上影響深遠。

第一個是「家庭角色學習」。父親，是大多數男孩在成長過程裡的第一個男性成人典範。

男孩會從觀察父親在家中的角色，來仿效學習，如何扮演好一個「父親」或是「成熟的男性」。

第二個是「尋求認同」。男孩大多很重視父親怎麼看待自己，並且積極尋求父親的肯定，**包含「成就認同」以及「性別角色認同」**。

在成就認同上，總希望父親認為自己表現夠好，並且明確表示肯定；而在性別角色認同上，則是很在乎父親是否願意接納自己的性傾向，無論自己選擇了何種路徑。

然而，許多父親在其成長過程裡，往往也帶著自己的個人議題往前走。例如故事中的父親，終其一生，不斷尋求自己父親的肯定與認同，卻也不斷失落、受傷。男孩，更是承襲了父親得之於祖父的創傷，步上同等辛苦的路程。

原生家庭的傷害，像生命裡的黑洞……

療心練習與叮嚀

親愛的你，面對這樣糾結的親子關係，以及來自關係中的傷害，別忘了：

一、**將父（母）親的個人議題，留給他們自己去處理**：每個人都要為自己的行為與選擇負起責任，更何況他們是成熟的大人，而非幼弱的小孩，也擁有絕對的行為能力。

我們的力氣，需要保留給自己，因為每個人的生命都不容易，需要耗費你很多的心力去抵擋、阻隔，與療癒。

二、時時告訴自己，有別於父母認為他們自己「沒得選擇」，我們絕對有選擇的權利；他們或無心，或有意地傷害了我們，但我們可以選擇不繼續讓孩子如此辛苦，並且終結傷害在我們這一代。

婆媳問題，是丈夫在原生家庭親子問題的延伸

——心有不平的孩子

委屈的媳婦，為誰辛苦？為誰忙？

自從結婚以後，每年的農曆年節，幾乎都是她的惡夢。大年初二的午後，她一個人獨自在廚房裡，一邊洗著滿坑滿谷的鍋碗瓢盆，一邊暗自掉著淚。淚水無聲無息地滴落，輕泣聲則被嘩啦啦的水聲淹沒。

「我這麼辛苦，究竟是為誰操勞？為誰忙？」她輕聲嘆息。腦海裡不斷回想除夕那天夜裡，老公對她說的話：「妳怎麼這麼愛計較？多洗幾個碗是會怎麼樣？大過年的，為什麼非得在這種日子爭這個？」

原生家庭的傷害，像生命裡的黑洞……

想到這裡，滿肚子的委屈，讓淚水再度像手邊打開的水龍頭般，止不住。

剛嫁進這個家的那一年，老公的哥哥仍未婚，她是這個家的唯一媳婦。第一年的除夕夜，她陪著婆婆忙進忙出，稍微轉移了新嫁娘第一個年夜飯的焦慮，以及無法在娘家與爸媽過年的酸楚。

第二年的農曆年，婆婆身體欠安，所以她一肩挑起廚房大小事。年節前，她曾一度跟老公提過：「媽媽今年身體不太好，我怕我一個人忙不過來，我們要不要去餐廳外帶年菜回來圍爐就好？」

卻被老公一口回絕：「不可能！老人家吃不慣外頭的年菜。」

從那一年開始，每個除夕，她都忙到深夜。一個人的廚房，傳來客廳一家子大小的談笑聲，她只好把水聲開得更大，以為聽不到笑聲心裡會好過些。

她摸著鼻子，認了！因為這個「孝順」的男人，是她自己挑的。只是，她也慢慢發現事情有些蹊蹺。

孝順的兒子，防衛的內心

她依稀感覺：堅守家園，守護父母的孝順老公，似乎一點都不快樂。

他羨慕從小成就比他高的哥哥得以遠離家鄉打拚，有自己的事業，逢年過節偶爾回來看看老父母，老人家就歡欣鼓舞，開心到不行，也捨不得讓大媳婦與寶貝孫子進廚房或幫忙做家事。大年初二，更是全家人一早拍拍屁股走人，回大嫂的娘家；獨留下二媳婦招待那些返回娘家的小姑們。

他再回頭看看自己：盡心盡孝，照顧兩老，卻被視為理所當然，絲毫不被珍惜。連自己的妻子、女兒，也跟著遭殃，一起辛苦。

但孝順的他，不想讓老人家不開心，總悶在心裡，不曾跟任何人提過，包含太太。但他沒料到：敏銳的老婆，其實將這一切都看在眼裡，頗為老公抱不平。

今年除夕當天，他們自己的女兒發燒，太太分身乏術，心煩意亂下向先生抱怨了一句「為什麼大嫂可以完全不用幫忙廚房的事？」得到的卻是老公苛責「妳怎麼這麼愛計較？」的回應，令她更覺得委屈與難過。

對他而言，**自小「各方面成就不如哥哥」的自卑情結，使他更努力討好父母，透過無微不至的照顧，希望博取父母的愛與肯定**。因此，即使心裡明明覺得父母偏心，卻怎麼也不敢把抱怨說出口。

甚至，當老婆一語中的，說出他內心底層最真實的聲音時，不只連忙否認，還升起防衛，數落老婆一頓，彷彿深怕自己的怒氣被發現。

原生家庭的傷害，像生命裡的黑洞……

「愛與肯定」的匱乏，需要被看見

「你知不知道把你在原生家庭中的處境看得最清楚的，是誰？」夫妻倆一起來找我時，我問先生。

「嗯？」他一頭霧水。

在一旁的太太，臉上閃過一抹淡淡的憂傷。

我示意他轉頭看一下坐旁邊的太太，他瞧了一眼後，「喔！」的一聲，頭隨即低了下去。

對於一個仍想在伴侶面前保留最後一點自尊的丈夫而言，會有這樣的反應，我一點都不意外。

「你以為自己隱藏得很好，但其實你太太一直都知道，也為你抱不平。可是看你自己一直都沒『發作』，她也願意為你吞忍下這口氣。」

我停頓了一下，各看了他們一眼，「老實說，就這方面來說，你們夫妻倆『忍耐的功力』倒是滿相像的，真不愧是夫妻。」

夫妻倆對望了一下，相視而笑。

「這原先該是你自己與父母間的關係課題，但因為結了婚，又跟父母住一起，所

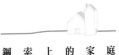

以太太被迫一起面對。」

我一邊說，太太一邊頻頻點頭。

「既然要一起面對，那你們就是戰友與合作夥伴，需要對彼此坦誠說出真實的感受，而不用猜來猜去。來我這邊會談時，可以是一個練習的起點。」

結束整個諮商療程後，大約又過了一年多，我接到太太打來的電話，但接起電話，傳來的是先生的聲音：「老師，我們已經搬出父母的房子，在車程不遠的地方買了屬於我們一家三口的小公寓。」

電話的那頭，語調少了幾分沉重，多了幾分輕盈。

因為，這對努力的夫妻，花了比預期還要短的時間，就達成諮商之初給自己設定的目標，連我都忍不住為他們感到振奮。

心理師暖心分析

原生家庭的成長經驗，對個人影響甚為深遠。甚至直到成家、立業，有了自己的家庭，依然看得到在自組家庭的運作方式或互動上，有著原生家庭的影子。

就像，在諮商室裡時常觀察到：**婚姻中的許多課題，是雙方原生家庭議題的延伸。最顯著的例子是令許多男性害怕的「婆媳問題」**。

很多人說：「婆媳問題」，本質上是「親子問題」。這句話的意思是：大部分的婆媳問題，是因為丈夫與原生家庭父母間的界限原本就過度模糊與糾結不清，以至於婚後母親仍習慣插手干預兒子自組家庭的事務，包含婚姻、經濟、育兒教養……等，忽略了這是兒子的家，而且這個家的女主人是那個叫做媳婦的女性，而非自己。

更關鍵的是：丈夫無力抵擋原生家庭對自組家庭的侵擾，一如往常。而當太太意識到這一點，為了小家庭的未來與關係品質，開始想要出手搭救丈夫，劃清兩個家庭間的界限。

這時候，身為**婆婆就常為媳婦扣上一個「都是妳害的！妳還沒嫁進來以前，我兒子都不會這樣！」的大帽子**。

於是，婆媳之間就充滿濃濃煙硝味，衝突一觸即發。而丈夫維持一貫「逃避衝突」的作風，以避免同時得罪「母親」與「太太」。

所以枱面上看似兩個女人之間的戰爭，但骨子裡其實是丈夫在原生家庭裡親子關係議題的延伸。

然而，身為丈夫，又何嘗樂意見到兩個生命中的重要女性關係如此緊繃？但囿於個人的議題，不知該如何因應與面對。

就像上述的案例中，丈夫自小感受到父母的差別待遇，明顯較疼愛向來表現比他好的哥哥。但孝順如他，即使心有不平，始終敢怒不敢言。所以當他看到太太為其發聲，說出他自己長久以來的心聲，當下的反應卻是**急忙否認，甚至斥責太太，以掩飾內心的罪惡、擔心與害怕**。

而類似的困境，也可能出現在女性與原生家庭的父母之間。

這種**源自於原生家庭關係的糾結心情，其實很渴望被伴侶理解**，只是大多未經覺察，也就難以適切表達出來。

療心練習與叮嚀

• 婚姻／親密關係裡的「原生家庭」議題覺察練習

在婚姻裡出現的衝突，如果能經過覺察以辨別其源頭，就不難發現有很多是源自於原生家庭的成長經驗。

覺察之後，可幫助自己了解這些成長經驗如何影響婚姻關係，而不致相互污染；甚至可以邀請伴侶一起討論如何協助自己。

練習步驟：

一、列出近期與伴侶間的衝突情境，以及在衝突中的常見對話與感受。

二、回想自己在原生家庭裡常出現的衝突對話與負向感受。

三、檢核上述兩者之間的相似性。

四、與伴侶分享，並**明確表達期待對方可以怎麼協助自己**。

練習例隅：

一、近期與伴侶常出現的情境與對話內容：

最近太太常叨念我各種大小事，我雖然知道有些只是出於好意提醒，但還是忍不住不耐煩地回應：「妳到底要念幾次？可不可以不要再嘮叨了？」以至於開啟戰火。

二、原生家庭裡常出現的衝突與負向感受：

我有個很會叨念的父親，感覺對我很沒信心，怕我會沒注意到細節或太粗心。這一點總讓我感到厭煩，所以時常與父親產生衝突。

三、兩者間的相似性：

當太太對我叨念時，容易喚起我心裡對父親厭煩的感覺，並解讀為對我的「不信任」，導致遷怒太太。

四、覺察到自己的情緒來源後，我坦誠地與太太分享這一段原生家庭的成長經驗，並請她只要提醒一次，毋須反覆提醒，我也確信會留意並完成該做的事。

反正他們也不在乎我

——拒絕接受繼親的孩子

在智慧型手機還沒有普及，無法隨時隨地收信的年代裡，每天一早若沒有個案，我進辦公室的第一件事，會先打開email，確定有沒有緊急待處理的信件。

這天，一如往常，我打開信箱，映入眼簾的是一封特別的來信。

主　旨：哈囉，我是Yvonne

信件內容：

「哈囉！你還記得我嗎？我是Ann的表妹，Yvonne。一年多前你幫我拍過婚禮記錄，你當時說，往後若我有什麼需要，可以找你；不知道當時的承諾，現在還算數嗎？」

我腦海裡很快地浮現她的面孔，以及婚禮當天的場景。由於印象實在太深刻，她的婚禮也成了我此生參加過最難忘的婚禮之一。

而且，我的確給過那樣的承諾。

混亂的婚禮

那些年，我因著對攝影有很濃厚的熱情，加上自己特別喜歡捕捉家人間情感的流動，尤其是像「婚禮」這種對家庭，甚至家族而言別具意義的場景，所以時常幫周邊的親友做婚禮的平面記錄。

Yvonne是好友Ann的表妹，也是她結婚時的伴娘，由於喜歡我幫Ann拍的記錄風格，期待我也能幫她記錄。

拍攝婚禮當天，發生了一件很特別的事。新人坐的主桌上，出現了一位「稀客」：新娘的親生母親。

原生家庭的傷害，像生命裡的黑洞……

直到那一刻，我才知道，原來Yvonne來自一個繼親家庭，喜帖上的「母親」，是她的繼母。

正當大家以為這是新人巧妙安排的橋段，並大讚這樣的安排象徵大和解，以及滿滿的「愛與包容」時，我觀察到繼母，這個名義上的主婚人，全場鐵青著一張臉不說話，堅決不上台，也不敬酒答謝賓客，主桌的長輩們更是一臉尷尬。

頓時，我心中有不祥的預感。

果不其然，在新娘換裝的空檔裡，父親直衝新娘休息室。

「一定要把場面搞得這麼難看嗎？」

他走到女兒的身後，嚴厲地問。顧不得還有我與新娘祕書等外人在。

只見他的女兒，坐在梳妝台前，頭也不回，看著鏡中的父親，冷冷地回：「這是我的婚禮，這十幾年來，我跟哥哥只能透過這機會吃團圓飯，為什麼不行？你有一刻想過我們的感受嗎？」

故作堅強的她，在父親甩門離開後，整個人像洩了氣的皮球似的，癱軟在椅子上放聲大哭，哭到妝都花了。

為避免角色界限的混淆，我回到會場找來了新郎，陪伴與安撫新娘。

團圓飯，不只是團圓飯

當天，婚禮就在一整個詭譎的氣氛中結束。一個月後，我約了他們夫妻倆，當面交付拍攝成品。碰面時，她彷彿欲言又止；我讀懂她的猶豫，臨別前只淡淡地對她說：「我不只是妳的攝影師，也是一個諮商心理工作者，妳是知道的！如果後續有什麼我幫得上忙的地方，可以直接跟我聯絡。」

就這樣，一別就是一年多。就在我逐漸淡忘這事之際，收到她的來信，並與她約了時間見面。

「謝謝你願意和我見面，也跟你說聲抱歉：我當時真的不是故意不先跟你說的，你願意接受這遲來的道歉嗎？」她滿是歉意。

我微笑點頭，「如果當天都已經見識到妳自己有多難受，我還責怪妳，豈不是太沒人性？」我說。她聽完後，也忍不住笑了出來。

她說，父母在她國中時離婚，沒多久爸爸就與現在的「阿姨」結婚，這讓她和哥哥很不能接受。「那女人進我們家門之後，說有多苛刻就有多苛刻，而且毫不掩飾。連我們兄妹倆假日想去找媽媽，她也百般阻撓。我真沒想過，這樣的壞後母，不是小時候的童話故事裡才會出現嗎？怎麼真的被我們遇上了？」她搖頭苦笑。

原生家庭的傷害，像生命裡的黑洞……

更有甚者：兄妹倆都離家念大學之後，有過兩三次，他們費心安排了一家四口的飯局，父親一看媽媽在場，立刻轉身，頭也不回地離開，事後還飆罵他們「會害繼母生氣」。

「你知道那女人為什麼敢這麼大剌剌、毫不掩飾嗎？就是因為爸爸從來沒有為我們、為媽媽講過半句話，連哥哥被打時，也是。」她的話語裡，難掩氣憤。

「所以，婚禮當天妳才決定跟哥哥聯手，以表達你們的不滿？但那樣的團圓飯，真的是妳們想要的？」

她看了我一眼後，低頭不發一語。

「或許，**你們真正不滿的對象，不是這個阿姨，而是隨著媽媽的離開，對你們的愛也跟著一起消逝的爸爸**。只是，這樣的失落，一直沒被好好地看見與疼惜。」

她再度抬起頭來時，晶瑩的淚珠已滑落臉頰。

心理師暖心分析

在繼親家庭長大的孩子，常常需要面對多重失落。

第一重失落，是**「失親」的遺憾與難過**。常見於孩子的主要依附對象「過世」或是「因為離婚而離開目前的家庭」，導致孩子產生情感上的重大失落，因此而變得少話、鬱鬱寡歡、不容易信任人……等。

第二重失落，是面**對「繼父（母）加入原生家庭後，家庭系統與結構改變」的適應困難**。例如：很多孩子面對父（母）的新伴侶，在他們再婚前未必有足夠的時間相處、建立關係；而對孩子來說，無法參與做決定的過程會令他們更顯無助，心裡不禁萌生「反正不管我喜不喜歡，也不會有人在乎我的感受與意見」之想法，所以更加排拒家庭裡的新成員。

第三重失落，則是發生在**「父（母）親與新伴侶有了自己的孩子」以後**。對一個需要適應繼親家庭的孩子來說，父母當中有一方與自己並無血緣關係，但他們所共同孕育的寶寶卻比自己更有機會擁有父母雙方完整的愛。因此，容易**感受到「父母的愛有所差別」而失落**。

上述案例中的家庭便是最好的例證。這對兄妹同時經歷了「失去母親的遺憾與難過」，以及「家庭系統與結構改變」，當父親意識到孩子還不太能夠接納新媽媽時，出於善意，想幫自己的新伴侶多說些好話，試圖說服孩子「新媽媽其實很好」。但在孩子的感受裡，只覺得父親「有了新人忘舊人」，為自己的親生母親感到不值；同時，孩子也感受到「不再被愛與信任」的失落，將所有憤怒與不滿投射到繼母身上，關係勢必更加緊繃。

其實，**孩子**要的不多，他們**需要的是失落能被理解，對「不再被愛」的焦慮能有人接納，以及「有足夠的時間好好從互動中去建立心理連結」，而非「催促」**。

療心練習與叮嚀

• 給孩子的療心練習：當自己的理想父母

對於原生家庭父母的分離，幼時的你可能會有很多困惑與負向情緒，或是對於再婚的那一方有許多不諒解。

你可以這樣做：

1 把你當時常感受到的負向情緒寫下來。

2 列出「伴隨這些情緒出現的想法是什麼」。

3 想一想：這些想法背後的「心理需求」是什麼？（如下表範例）

	情緒	伴隨出現的想法	心理需求
範例一	憤怒	爸爸只會一味幫她說好話、合理化她的行為，心裡根本沒有我們！	想公平地得到愛與關注。
範例二	困惑 難過	為什麼你們離婚前完全沒有跟我談過，是不是不在乎我的感受？	「失落」能夠被看見與貼近。
書寫一			
書寫二			

4如果你是父母，你希望孩子如何表達他們的心理需求？當他們表達之後，你認為較好的回應方式是什麼？請把它們寫下來。

•給再婚父母的叮嚀：

1用孩子可以理解的方式，與孩子談「離婚」或「死亡」。對於原生家庭父母之間的互動與關係，孩子看在眼裡，不是沒感覺，只是還不知道該如何表達他們的失落、難過，甚至是憤怒。

刻意迴避談論這件事，他們容易在成長過程裡衍生過多的想像，並影響長大後在親密關係中的安全感。

2孩子需要更多時間來接納家庭裡的新成員。對孩子而言，由於是被動接受決定，心理的準備度不若成人來得高，端賴更多的耐心與等待，請避免「催促」、「勉強」。

3**繼親父母要與繼親子女建立心理連結的最好方式，是透過一連串生活中的互動，讓孩子確實感受到愛與關心，而非由原生父母代為出面說服，**那會適得其反，將關係推得更遠、更對立。

我們常常一邊抱怨著父母，一邊保護著父母，但心裡面真正希望被貼近與被理解的，是我們對父母糾結的愛，而非那些抱怨。

「如果不是因為妳，我早就離開那個男人。」

——目睹施暴的孩子

她又出現了。一如往常，沒有預約。

在酷熱的夏天裡，她穿著薄長袖。很多女性基於防曬的理由會這樣穿，但我知道她不是。

我瞥見她左邊眼角附近有一處約三至五公分的撕裂傷；接著她拉起袖子，露出手上青一塊、紫一塊。

目睹施暴：看不見、說不得的創傷

從有記憶以來，媽媽就不斷告訴她：「當年，如果不是因為意外懷了妳，我怎麼會嫁給這個男人？」再長大一點後，知道媽媽過得並不好（一天到晚被暴力相向，怎麼會好？）爸爸雖然不曾打過她這個女兒，但是每次光看著媽媽被揍的景象，她就常嚇到躲進房間裡，全身顫慄。

「老實說，我怎麼可能不同情媽媽？」她停頓了一下，深深地嘆了一口氣。

「可是，當我希望自己這個當女兒的，可以做些什麼而開始靠近媽媽時，她又常把『如果不是因為妳，我早就離開他了』掛在嘴邊，我一整個心就糾結到不行，自責到了極點。」

那種靠近也不是，離開又不捨的心情，怎麼說、怎麼做好像都不對的濃烈無力感，究竟有多揪心？我在她的臉上，一覽無遺。

「離家念大學的那四年，我才發現自己原來也可以那麼快樂，也有享受開心的權利！快樂到完全不想接來自家裡的電話，即使好幾次手機語音信箱裡傳來媽媽近乎哭求我回去看看她的聲音，我手機拿起來電話撥了一半，卻始終沒有撥出去。」

「我懂，那是種既牽掛，又怕再度被捲進情緒漩渦裡的掙扎。」我放輕音量，淡淡地。

婚姻，是逃離施暴家庭的捷徑？

後來，大學一畢業，合理離家的理由消失，她又被迫回到家裡。「但情況並沒有改善，只有更變本加厲。直到我工作上遇到一個還不錯的男孩子，對我照顧有加，適逢自小缺乏父愛、母愛，又急著逃離家裡的我，很快就墜入情網，半年不到，我就罔顧爸媽的堅決反對，決定公證。」

「這的確是個逃離家裡的策略，也頗常見。」我心中暗自這樣想著。只是，我懷疑：大多數的人，是否可以王子與公主從此過著幸福快樂的日子？

「出嫁離家的那一天，媽媽眼見乞求我留下沒有用，就惡狠狠的瞪著我；那個眼神，我想我這輩子都忘不了，彷彿在對我說：『妳好狠心！如果不是因為妳，我早逃走了；妳怎麼忍心丟下我一個人孤單地留在這個家？』」

她又輕嘆了一口氣，手上早已被揉成一團的面紙，根本禁不起她的拉扯。

她說，剛結婚的時候的確很甜蜜，她心想自己終於可以擺脫原生家庭，擺脫宿命。結婚後不到半年，因為她的工作表現向來比先生好，人緣也佳，所以被升為小主管，先生成了她的下屬。當天晚上，幾個同事為慶祝她的升遷，找他們夫妻倆一起吃飯，喝點小酒，但先生卻喝得酩酊大醉。「大家都說，我老公一定是為了我升遷，開心到不行，所以喝得這麼暢快。」她說。

「那天晚上，是他第一次打我。」她臉部看不出任何表情，就像在說著別人的故事。

「理由是：我在工作上的突出表現，完全沒顧慮到他的尊嚴與他的感受，讓他在公司裡抬不起頭來。」

「唉，又是個玻璃自尊心的男人……自己的尊嚴，為什麼不是自己救？」我脫口而出這句話，意外牽動了她嘴角瞬間即逝的一抹微笑。

跳脫宿命，改寫生命腳本

在那之後，事情發展每況愈下。男人動手打她的頻率越來越高，間隔越來越短。

「我一度以為自己真的做錯了些什麼，甚至還想過：是不是因為我一直沒有幫他生小孩？如果幫他生個小孩，會不會好一點……」

我聽到這邊，難忍憤慨情緒，想打斷、修正她的認知，還來不及開口，她就接著說，「有一天晚上，我鼓起勇氣照鏡子，想確認一下自己臉上的瘀傷狀況，看著鏡中的自己，我驚覺：我非常瞧不起媽媽對爸爸乞憐的苦情樣，而且厭惡至極，連娘家都不想回，但看著鏡中的自己，我才發現那模樣跟我媽有多像！」

「最後，我決定做一件跟媽媽不一樣的事。」她說著，我猜著，而且我有自信八九不離十。

「我開始收集所有驗傷單、錄音，聲請保護令。我媽忍受了她的男人二十幾年，休想我會幹這種蠢事。」

我在她眼裡看到憤怒的力量，那是種反思後的覺醒，卻又不失理智。

「根據統計，法院判決結果出來的前後時間，是施暴者施暴的高峰波段之一。他對妳的『攻擊』與『討好』會交互出現，一切只為要妳放棄離開。」

我多做了一些關於安全的提醒，以及叮嚀她不要過度大意。

結束諮商前，我看見她的臉上，多了幾分堅毅與希望，取代以往的黯然與憂傷。

我在個案紀錄上的最後一行，寫上「已結案」。

原生家庭的傷害，像生命裡的黑洞……

家有施暴父母的孩子，對於愛的感受，往往是匱乏與扭曲的。無論是直接受到暴力傷害，或是目睹施暴，皆然。

幼年時期，我們內心微弱的渴望，總是期盼著父母給我們更多的愛，卻往往盼不到；**很多時候，不是他們「不願意給」，而是他們「沒能力給」或「給不起」**。

因為，他們可能也不曾被好好愛過，甚至受傷了，所以他們一邊焦慮、無助，一邊急於為自己心理的傷、承受的苦，找到一個往外歸因、合理解釋的出口，好說服自己「我也不願意，但我沒得選擇」。

「若不是因為你」就是常見受暴父母會對子女所說的句型。

然而，是真的「沒得選擇」嗎？還是，其實是成人不想面對「選擇後的結果與責任」，而急於轉移到他人身上，以讓自己好過些？而我們，只是因為與他們最靠近，最愛他們而無設限，所以最受傷，而且因著年幼，還不懂拒絕，也還沒能力分辨，照單全收，如此而已。

因此，當我聽到「我決定做一件跟媽媽不一樣的事。」這句話時，內心湧現的感動，難以言喻。

我們時常忘記自己已經長大，也許二十六歲，或是三十六歲，不再只是過去那個只能默默承受、照單全收的六歲小孩，我們有能力與權利決定收下什麼，不收什麼。

於是，漸漸找回生命的主控權，重新擁抱不同選擇，而非像我們的父母所說：我沒得選擇。

療心練習與叮嚀

如果在成年以後，依然常問自己「我一定是做錯了什麼，否則為什麼害大人這麼難過？」「我一定是做錯了什麼，要不然爸媽當時為什麼這樣對我？」很多時候，是感受到來自大人的責備或情緒勒索，而讓你感到自責卻不自覺。

這時候，可以問自己以下問題來取代上述兩個問題：

※在事件中，一個年幼的孩子的責任是什麼？

例如：一個八歲的幼童，是該：

一、被好好照顧？

二、照顧好自己？

三、反過來照顧成人？

※在事件中，一個成熟的大人「應該」做什麼？

例如：成人在做決定與選擇的過程，是該：

一、優先考慮「保護孩子」？

二、優先考慮「保護自己」？

三、「以滿足自己的個人需求」為優先考量？

※成人的指責，什麼部分「合理」？什麼部分不合理？

例如：指責孩子生活懶散、學習不積極、不聽話，算不算合理？

如果是指責孩子「因為他的不聽話、不乖，所以爸爸才會拋下家庭，不顧婚姻」，又算不算呢？

時時將這些放在心上，除了可以幫助自己釐清情緒的來源為何，也能慢慢建立情緒與心理「界限」，將本不該屬於你背負的負向情緒或責任返還給父母及成人。

而你需要做的，是開始練習為自己所做的選擇負責，以避免在未經覺察的情況下，複製他們對你所做的「那些令你辛苦的作為」，再度加諸在我們所摯愛的孩子身上。

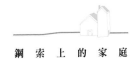

嫁人後，連原本的家都失去了

——浮萍般的女兒

一場車禍，翻轉了一家人的生活

「老師，我哥讓我過來找您，他說已經有跟您提過了。」合身套裝，講話簡明有力，俐落、無太多餘的裝扮。她，比我想像中的還要有精神。

她結婚已邁入第十個年頭。婚後第三年，育有一子，先生發生重大車禍。經過搶救與多次手術，昏迷多日後甦醒。

命是撿回來了，但是有多處器官功能受損；當然，最嚴重的還是腦傷。

而這種器質性的腦傷，會隨時間加速退化。因此而喪失工作，也就不令人意外。全家人頓時陷入愁雲慘霧，單靠僅高職畢業的她二十五K的薪水硬撐。

她開始了「兩份工作」的日子：白天會計工作下班後，晚上家庭代工、鹹酥雞攤打工……都做過，雙手還留下一些已經淡化，被油鍋燒燙傷痊癒後的痕跡。

「我一直很好奇，當年車禍事故後的保險理賠呢？難道沒有辦法支撐一段時間？」我問。

「我公公婆婆拿走了，因為保險受益人是他們。我一直到那時候才知道。」而這對積蓄頗豐的公婆自始至終，完全沒有主動開口提過要拿部分保險理賠金出來給他們，幫助他們日子好過一點。

「我手頭真的緊時，會回娘家跟爸媽拿些救命錢應急。我爸爸知道保險的事後，只無奈地安慰我說，『也許公婆是在為了你們以後做打算！哪一天你們真的生活困頓，過不去了，才拿出來用。』」

她苦笑了兩聲。

「一天兼兩份工作，累到手嚴重燙傷，還不夠困頓、不夠辛苦？」我的聲音忍不住高亢了起來。

她低頭，沒有答話。

原生家庭的傷害，像生命裡的黑洞……

我遞上了面紙。

兒子是自己的，媳婦是外人

「其實不僅是如此。這幾年，丈夫的情緒變得越來越暴躁，常常暴怒起來會摔東西、大吼。有一次嫌孩子吵鬧，竟然朝著孩子丟東西。行為越來越幼稚，醫師說這是正常的，而且狀況會越來越糟。」

「原先該是兩個大人照顧兩個小孩，游刃有餘，現在感覺像是妳一個人要照顧三個小孩，而且其中有個小孩的力氣、攻擊本質，其實是孔武有力的成年男性。」我腦海裡極有畫面。

「老師，您比喻得真精準！就是那種感覺。」

她喝一口水，緩一緩情緒後，接著說，「前幾天，他在車上突然情緒暴走，伸手過來搶我的方向盤，一邊大吼著『乾脆全家一起死一死算了』。車子在路上偏離車道，差點撞到對向來車。」

她餘悸猶存，身體彷彿還在顫抖。

「當時孩子也在車上？」

我震驚到幾乎說不出話來，不可置信地問。

她點點頭。

「後來，我考量到我晚上還要兼差，根本無法看著他們，但若不兼差，家裡的錢鐵定不夠用。為了兩個孩子的安全考量，我硬著頭皮，向公婆提出希望他們將兒子暫時接回去的『請求』。結果，他們回了我一句：『結婚後，他就是妳的老公，妳的責任。』」

「請求」這兩個字，此刻聽起來是如此卑微，卻重重地落在我的心坎裡。

「奇怪，兒子不是他們的嗎？孫子不也是？」我的心中，滿是慨嘆。

那一刻，我心裡有新的體悟：我一直以為，這兩老只是單純的愛兒子勝過兒媳婦，最後卻發現，其實他們最愛的不是兒子，而是他們自己。

更有甚者，婆婆開始小動作不斷。

一方面在外散播媳婦不履行同居義務，且在外勾搭其他男人的不實訊息；另一方面，偷偷扣住兒子的身分證件，僅留健保卡在媳婦身邊，又把所有保單的「要保人」，全從兒子改成他們二老（註）。

無助至極的她，只剩唯一可能的後援：娘家。

但得到的安慰，遠不及爸爸一句：「妳婆婆說得也沒錯啊！結完婚後，兒子的確

原生家庭的傷害，像生命裡的黑洞……

不是他們的責任了！」所帶來的打擊。

讓娘家成為名副其實的避風港

在我們討論過後，她為求自保，開始錄音。錄到婆婆指著她的鼻子辱罵的內容，極盡低俗與不堪，還辱及她的父母。

她回到娘家，播給爸媽聽。兩老氣炸了，沒聽完就已按捺不住，差點直奔對方家理論，但被兄妹倆給攔下。

他們錄音的主要目的是取得父母親的理解與支持，讓娘家成為她名副其實的避風港。有力的後盾，並沒想要故意害人或其他用途。

另一方面，在醫師協助下，將先生註記為衛生局列管個案。在某次的情緒失控，啟動強制送醫機制後，嚇得公婆兩老趕緊跳出來把他們的兒子接回老家同住；而她，過著假性單親的日子，甘願忍受公婆的冷言冷語，仍堅持固定於週末帶孩子回鄉下看看先生，也讓先生看看兩個孩子。

「這樣的生活，我已經很滿意了！不敢再有所奢求。」

淚水在她眼眶裡打轉。

我們走出餐廳時，天空上層疊的烏雲間，陽光終於探出頭來露臉。

心理師暖心分析

對她來說，面對公婆的自私，固然讓她感到心酸與不平，但真正令她感到難過與無助的，是原生家庭父母的態度。

從小，她就意識到父母的重男輕女，等到更大些，她發現**重男輕女的現象，不只在他們小孩身上，連父母之間的互動也是如此**。

母親就像那種典型的台灣媳婦：吃苦耐勞、犧牲奉獻，以夫為天，以子為地。「嫁雞隨雞，嫁狗隨狗」這句話，儼然就是母親的婚姻圭臬。

讓她這個女兒感受最深刻的，是在她出嫁之後，遭逢婚姻中的種種委屈，想回家討個安撫與支持，卻總換來「妳要多忍耐」的回應。

這令她很受傷，並在心裡不斷吶喊著：「為什麼嫁人後，檯面上風光多了一個家，實際上卻連原本的家都失去了？」

這就是傳統父權文化下，當「女兒」轉換成「媳婦角色」後，常見的失落與傷痛，加上父權文化裡「勸和不勸離」的潛規則，更讓好多女性在面對婚姻困境時，不知何去何從，無所依靠。

療心練習與叮嚀

文化，就像加在我們身上的的隱形枷鎖，內化成我們的思維。例如：在很多台灣家庭裡，「婆婆」與「媽媽」的角色也曾是文化受害者。

初為人媳，被壓迫時需要合理化自己的處境，以降低焦慮，所以容易不自覺扭曲自己的認同，內化成「我會被這樣對待，是因為這才是對的、好的媳婦形象，大家都是這樣過來的，以後我也要這樣要求我的媳婦」，等到有一天媳婦終於熬成婆，真的**上演「女人何苦為難女人」的劇碼，但這劇碼背後的導演與編劇，其實不是女性，而是父權文化**。

因此，療心練習的第一步，就是**洞察「藏身於我們身後的文化」**。

面對公婆的壓迫、父母的不理解，看見其後所背負的文化壓迫，會幫助自己多一分釋然。

父權文化經驗（事件）	讓我覺得不舒服／難過的原因	如果是我，做法有什麼不同

療心練習的第二步，是**「書寫自己的父權文化經驗」**（如上表），包含在原生家庭與婚姻中的感受。

書寫時，特別著重在讓自己感覺不舒服的經驗，例如前述「原生家庭裡重男輕女的現象，讓我覺得不舒服的原因是什麼？」「回到娘家卻尋求不到支持時，讓我感到失落的因素是什麼？」……等。

療心練習的第三步，則是針對第二步所書寫的經驗，**延伸書寫「有別於他們，我的做法會有什麼不同？」**

療心練習的第四步，是**建立「支持系統」**。對抗文化，從來就不是件容易的事，我們都需要有人願意理解、傾聽、討論，絕非孤伶伶地一個人走在這條路上。

它可以是生活中的重要他人，或是尋求專業的心理諮商或團體成長課程、工作坊。

尋求心理專業協助時，留意心理專業人員是否具備「多元文化諮商」背景與敏感度，以避免在課程或諮商關係中二度受傷。

註：在我國保險法規裡，所有保單變更，都須經要保人同意。

之三

長大後的我們，其實有能力，把自己愛回來

既渴望父母關心，又擔心他們太憂慮

——報喜不報憂的孩子

教育實習那一年，我遇到了一位很優秀的指導老師。從這位資深教育前輩的身上，我有很多的學習，也在心裡樹立一個很正向的教育工作者典範。

亦師亦友的我們，即使是十餘年後的今日，他已從教育崗位退休多年，仍持續保持聯繫，從生活、家庭、工作、輔導諮商、教育，無所不談，完全無視世代與生命階段的差異。

特別是在實習那一年的緊密互動裡，有一段師徒間的對話，對我影響至為深遠。

那是在實習快結束前，孩子們都放學回家後的傍晚，我們師徒倆和另一位熟稔的老師一起聊著生命、談著死亡，分享各自的失落經驗。

我淡淡地帶過實習之初姊姊過世一事，但並未著墨太多。

談話結束後，他挨近我身旁，拍拍我肩膀：「這麼重大的事件，近一年來，你卻連提都沒提起，絲毫沒有異樣。」他停頓了一下，接著似笑非笑地說：「我們有這麼不熟嗎？」

我一時語塞，不知該怎麼回答他，只能回以尷尬的傻笑。

「以後別老是『報喜不報憂』喔！否則你周邊關心你的人，會更擔心的。」

他再度輕拍了我的肩膀，並留下這句話。

我腦海裡，一直反覆播放「報喜不報憂」這幾個字，並且問自己：這慣性，是怎麼來的？

沒有變壞的本錢

從小，因為意識到家中經濟困頓，我知道自己沒有變壞的本錢，總是在大姊的帶領下默默地做好分內工作，不想讓鎮日為經濟勞碌奔波，早出晚歸的父母還得擔心

我。

國中畢業以後，我隨即負笈外地求學，並開啟了艱辛的學習歷程。面對繁重課業與軍事化管理的宿舍生活，我嚴重適應不良，飲食與睡眠都出現明顯的障礙，一天到晚想的都是「有沒有可能休學？重考？或轉學？」但只要一想到父母擔憂、失望的臉龐，數度拿起話筒的手，又再度把話筒掛上。

在高手如雲、升學導向的明星高中裡，即使對於國、高中可能會有的成績落差，我早已有心理準備，但無情的打擊來得比我想像中的還巨大許多，我的成績瀕臨崩壞。

然而，當真正看到成績單的那一刻，我最掛心的竟然是「害怕爸媽擔心離家在外的我『怎麼了』？」所以請妹妹搶在爸媽之前幫我攔截成績單。

就這樣，妹妹幫我攔截了三年的成績單。

期中考成績單可以攔截，但大學聯考前夕，看著持續在谷底徘徊，連國立大學都錄取不了的模擬考成績，我心中很是憂慮，心想終究要「東窗事發」。

但也許是上天垂憐，考運好，也或許是最後的考前衝刺發揮了果效，後來竟然幸運考上他們為我設定好的目標：師範院校。

一連串陰錯陽差的巧合後，他們只看到美好的考試成果，於是我在他們的心裡，依舊是那位從小就毋須他們操心的兒子，而且形象更加深植他們心中。無論課業上或生活上，都是。

這不正是我期待看到的結果？但我心中湧現的，卻是一股淡淡的孤單與憂愁。

長大後的我們，
其實有能力，把
自己愛回來

獨立與堅強的真相

上了大學以後，我的整體狀態持續低迷。

好幾次，我的情緒低落到了極點，在週間從學校無預警地返回鄉下老家，他們輕輕的一句：「怎麼突然跑回來了？」我卻仍因為怕他們擔心而不敢說實情，總淡淡地回應「回來拿東西」。

在投入心理專業工作，進行很多探索之後，我發現自己對「家」的依戀，非但一直都在，而且還很深。但是，即使在那樣的時刻，我卻連「我想家」這三個字，都無法對他們說出口，並且忍不住一直告訴自己：我不能這樣！我得趕快讓自己好起來，以免他們發現後會擔心。

以及，當我因為心理師實習而需要留職停薪，過著沒有收入的日子，我也選擇不讓他們知道。

在那一段不算短的時間裡，我維持每月拿生活費回家的習慣，分毫未減，始終如一，無非是擔心他們覺察到絲毫異樣，並在得知實情之後，會過度憂慮到寧願他們自己生活困頓，也不肯跟我拿生活費。

那是一種擺盪在「希望他們參與我的生活」卻又「擔心他們知道得太多，太真實以至於太憂慮」的矛盾情緒。

只是，我也深刻體悟：我不喜歡「報喜不報憂」的自己，並且為此感到不舒適；雖然我大可選擇將一切歸咎於「慣於過度操煩與憂慮的父母」，但我更想看見「鬆動既有模式」的可能與選擇權，而非僅僅停留在「抱怨」。

他們的「愛與善意」不該受到抱怨；因為，真正需要改變的，是愛與善意的「表達方式」，以及那份我所需要的「信任」。

心理師暖心分析

一個凡事未雨綢繆，擔憂較多的父母，出發點大多是「愛孩子，不願孩子受到傷害」，因此總在嗅到可能的風險時，不自覺顯露出自己的憂慮與擔心，並希望孩子在感受到他們的擔憂後，能改變心意，選擇較安全的路徑，卻極少明說。

而一個習慣「報喜不報憂」的孩子，最初的起心動念，的確常是因為感受到父母的擔憂，只是他們回應父母的方式，並非如父母期待的「改變心意」，採取不同的做法，而是索性就不告知，以免父母過度杞人憂天，反倒礙事。

「我只要能為自己的行為負起責任就好，不一定要讓他們知道。」是這一類孩子最常出現的信念。

於是，慢慢地，孩子越來越少分享自己的生活，尤其是那些他們判斷「可能會令父母操心的事」，更傾向絕口不提。透過這歷程，孩子雖然間接照顧了父母的「心理需求」，卻在無形中把父母排拒在自己的生活之外。

「怎麼發生這麼大的事，我們竟然是最後一個知道的？」我常在諮商室裡看見父母一邊流著淚，一邊自責懊悔。

而我，也忍不住在心中喟嘆：當「愛孩子、保護孩子的父母」遇上「體貼父母、不忍讓父母操心的孩子」，無不期待對方能夠感受到愛，在心理上更靠近彼此，而非如此疏離。這當中的落差，究竟該如何弭平？

療心練習與叮嚀

• 給父母的提醒：在情緒上立「界限」，而非在生活經驗上「設限」

當孩子願意分享生活經驗時，父母仍可以真實表達自己的關心，甚至擔心，但同時也明確告訴自己，告訴孩子：「雖然我會擔心，但我的擔心毋須你來照顧！你不用為了怕我擔心而不去做，只要確實為自己的行為負起責任即可。」

這是一種情緒界限的示範，也可以避免在心理上把孩子越推越遠，或是間接剝奪了孩子冒險的權利。

• 給孩子的療心練習：

1依可能引起父母的「焦慮程度」為生活事件分級，並從焦慮程度較低的事件開始分享，再慢慢升溫，幫助父母逐步增加對焦慮、擔憂等情緒的耐受力。

2明確表達自己的需求，幫助父母對焦：與他們分享的目的是希望得到什麼？（例如：「情緒支持」、「聽取意見」或「問題解決」），以避免互動過程中失焦。

3對於可能引起父母高度焦慮的生活事件，除了透過循序漸進的方式，幫助他們

長大後的我們，
其實有能力，把
自己愛回來

提升心理準備度外，分享時，可多著墨在自己「如何降低可能的風險」、「已準備的配套策略」……等，也讓他們逐漸適應我們的獨立。

無論我怎麼努力，媽媽就是不看我一眼

——追求卓越的孩子

這已經不知道是他們第幾次為了孩子上床睡覺時間大吵了。差別只在場景換到諮商室裡，在我面前吵。

「我就搞不懂，為什麼非得給孩子塞那麼多學習活動，還堅持一定要按表操課完成每一項，才能上床睡覺？硬是常常搞到十一、二點，孩子才有辦法入睡！睡眠不足，根本吸收不了，學再多有什麼用？」看得出來，他真的動怒了。

「你難道不知道：別人家同年齡的孩子從小學了多少才藝、語言。我只是不希望女兒輸在起跑點上，我錯了嗎？」太太也不甘示弱地回擊。

兩個人不約而同望向我，那種眼神像是：「老師，你倒是評評理，究竟誰說得對？」

只是，此刻我心裡想著的，並非「對」、「錯」的問題。

這對夫妻，一個是對孩子的睡眠時間很重視，另一個則堅持孩子的學習不能落人後。

「兩個人各自信奉的理念，是從哪來的？何以如此根深柢固？」我心裡不禁納悶。

薛西弗斯的巨石

後來我才知道，原來夫妻倆的衝突，從結完婚後不久即開始。在交往階段，男孩就發現女孩似乎難以停下「追求卓越」的腳步：不斷地規劃進修，不斷地想換更好的工作。

當時的他，很天真地以為：他愛的這個女孩，很好學、很進取。每當周遭的朋友問他：「你的女朋友這麼上進、學歷比你高，你會不會覺得面子掛不住，壓力很大？」

他總是打從心裡微笑回應：「不會。我一點都不在意。」只是，婚後他才發現，她的腳步不只沒慢下來，反倒有越走越快的傾向。即使已頂著台、美雙碩士學位的光環，仍然在孩子出生之後，積極考取博士班，成為博士候選人。

全家人，被迫繞著她追求的世界轉。

然而，真正令他受不了的，是在孩子的教養觀念上。從孩子上幼兒園開始，母親每天為孩子排滿學習活動，影響到孩子睡眠時間，這讓自幼熬夜苦讀的父親很心疼，也頗不能接受。

「我說不上來那種感覺，彷彿想把我們的女兒教成另外一個她……」他的語氣裡滿是無奈，因為他們的女兒，不過才五歲。

而我，腦海裡突然浮現一幅圖像：**這個五歲小女孩的純真世界，儼然成為父母親「原生家庭經驗」衝突的戰場**。

父親對睡眠充足的堅持，緣由我已了然於胸；但對於這位母親，我仍存有許多好奇。

「不斷尋求認同」的創痛

這一天，因為孩子生病，夫妻倆找不到人可以暫時托育孩子，所以丈夫留在家裡照顧女兒，只有太太單獨來找我談。

「這些年來，很辛苦吧？」我問。

「嗯！」她停頓了一下。「不過我還挺得住。」

「我相信！因為妳都挺了二、三十年了，不差這幾年。」

她的臉上閃過些許詫異神色，緊接著面部剛強堅毅的線條，大概是因為心被靠近，所以和緩了下來。

「在許多人眼裡，妳已經極度優秀，但妳似乎從未以此自滿，腳步不曾停歇，我很好奇：妳的爸媽，如何看待這件事？」

對於我的問題，她依然感到訝異。

因為我問的，竟不是伴侶的看法，而是父母的看法。

「我有兩個哥哥，成就都比我高，媽媽根本不會注意到我。」她娓娓道來，帶點黯然。

原來，兩位哥哥從小都是一流學府畢業，目前都在外商公司坐擁高薪，而且時常成為獵人頭公司鎖定的對象。相較於求學歷程曲折辛苦、大學聯考又失常的她，兩個哥哥的光環吸引了家族眾人的目光，讓媽媽很有面子，時常拿來說嘴。

「我的生命裡，原本有個很疼我的爸爸，他總跟我說：『沒關係，哥哥是哥哥、妳是妳，我愛妳是因為妳是我女兒，不是因為妳的表現。』」

談起爸爸，她的臉上微漾著幸福，只是那份幸福感並沒有持續太久，「但是，念高中時，爸爸在工作中意外過世，我的世界幾乎崩解。」

後來，她意志消沉了好一段時間，大學聯考嚴重失常，長久以來好不容易建立的自信，也不見了。加上母親自己陷溺在喪偶的傷痛裡，無法顧及她，使她同時失去雙親的愛與關注。

「長大以後，我花了好多時間，耗了許多心力，尋求媽媽的認同，但卻發現無論我怎麼努力，成就再怎麼高，媽媽從不看我一眼……」她的眼裡泛著淚光。

但堅強如她，硬是把眼淚給看緊了。

「如果爸爸還在，而且看到現在的妳，妳覺得他會想跟妳這個寶貝女兒說什麼？」

我問完後，她沉默了半晌，開始放聲大哭，無法言語。

一個真正愛我們的人，是愛我們本然的樣貌？還是他們期待中的樣子？

「我愛妳，是因為妳是我女兒，不是因為妳的表現。」父親對她說過的這句話，不斷迴盪我心中。

長大後的我們，其實有能力，把自己愛回來

心理師暖心分析

在希臘神話裡，薛西弗斯因為觸怒天神，所以被處以刑罰：要把一塊巨石推上山頂。但巨石本身的重量，讓它每到山上，就會再度滾下山去。周而復始，日復一日。眾神認為，沒有什麼懲罰，比每天做著徒勞無功與毫無希望的工作來得更令人害怕。

然而，這不只是神話，更是許多人的生命腳本：不斷追逐成就與卓越，卻看不到止歇的一天。

我們時常不自覺為得到某個重要他人（例如父母、師長）的認同，而竭盡所能地努力，就只為得到對方青睞、關注與肯定。

就自我認同的發展階段來說，在我們孩提時期，對自己的認識與價值，的確是透過我們與身旁重要他人的互動，以及他們的回應來建構，以慢慢探索，並回答「我是誰？」「身邊這些人與我的關係是什麼？」「我正在做的事情算好？還是不好？」這些問題，並勾勒出內在的自己。

一般而言，隨著我們逐漸長大，對自己的自我意象越來越穩固，慢慢地不需要透過他人的認同來決定自己的價值以及「我是誰」。但若幼時主要照顧者（通常是父母）在心理與情緒上並非是個夠成熟、夠穩定的成人，或是吝於給予孩子肯定，那麼，許多孩子會形成混淆的認同或是愛的匱乏。

於是在諮商室裡，我便看見許多受苦的靈魂不斷努力追求成就，希望用成就換取父母親的肯定與認同，填補愛的空缺；卻像薛西弗斯推動巨石一般，陷溺於反覆循環之中，徒勞無功且永不停歇。

「愛的匱乏」要用愛來填補，而非用「成就」，因為那永遠沒有填滿的一天。

更令人心疼的是，有些人就像本篇故事中的母親，未經覺察與療癒，在自己成為父母以後，將生命腳本複製、貼在孩子身上，也**將「匱乏與不足」的焦慮，投射在孩子的生命裡**。

彷彿深怕自己會因為孩子不夠好而不愛孩子，就像她當年從母親身上感受到的一樣。

療心練習與叮嚀

•「見證書寫」的療心練習

要停止複製「以成就填補愛的匱乏」之生命腳本，可以透過「見證書寫」的練習，幫助覺察自己的狀態，看見自己的努力，並進一步踩煞車。

練習步驟：

一、找出在你生命中最常給你肯定、鼓勵，或是最能看見你優點的人，並在紙上寫下這個人的：

1名字或代稱；

2他與你的關係；

3為何他對你如此重要。

二、如果他有機會見證你的成長與努力，你最想與他分享哪三件事？

三、假使這個人看見現在的你，他會對你說什麼？怎麼看待你的努力？希望你

過著什麼樣的生活？

療心練習例隅：

一、在我生命裡，最能給我肯定以及鼓勵的，是我早逝的大姊。自小父母忙碌於工作，很少有機會跟我們互動以及表達對我們的愛；但姊代母職，很盡責地照顧一家子大小，甚至因此延宕了自己的婚姻。

二、如果有機會與她分享，我想與她分享三件事：

1我很努力地在照顧爸媽，並且把他們照顧得很好，請妳不用掛心。

2無論是求學或是求職，我都很努力地不讓爸媽失望。

3……（略）。

三、姊姊應該會想對我說：「辛苦了！謝謝你的付出與努力，你已經做得夠棒、夠好了，從今以後，我更希望你多為自己而活，為自己著想。因為，我不只關心爸媽，也衷心期盼你過得快樂。」

那麼年輕就步入婚姻，只因想逃離家人

——「我不重要」的女兒

「老師，新年快樂。不知道您何時有空？」大年初二的夜裡，我收到這則手機簡訊。

幾天後，我在機構裡跟她碰了面。

載滿母女記憶的老房子

農曆年前的最後一次談話裡，一提到「大年初二回娘家」這事，她就隱約透露些許不安與抗拒。

「大年初二這一天，好像給妳不小壓力。怎麼了？」我問。

按常理，「大年初二」是許多出嫁女兒一年之中最期待的日子，充滿著重新回到原生家庭，享受那種被父母捧在手心上疼惜的幸福感。

「一年之中，有三百六十四天為人媳、為人母，就這麼一天可以當個驕縱的女兒，任性、撒嬌、耍賴，當然特別期待！」我周遭的女性友人大多是這樣說的。也因此，她的焦慮更令我感到不尋常與好奇。

「自從我哥幾年前擅自把我們從小到大住的房子賣掉後，這個家於我而言即不再熟悉。每年大年初二前幾天，我都感覺自己的脾氣明顯變得暴躁易怒、極度沒耐性，常是我先生注意到我的情緒有異狀，努力安撫我。」她一邊搖頭，一邊苦笑。

我彷彿嗅到了些什麼。

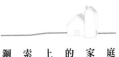

「我猜想：一棟熟悉的房子，對妳而言不只是一個生活空間，更是許多珍貴記憶的所在。我很好奇：在這棟房子裡，讓妳最捨不得的記憶，是哪個片段？」

面對我的提問，她依舊低著頭，但已是淚眼婆娑。任由晶瑩的淚珠，成串地滑落臉頰。

「他怎麼可以……賣掉我僅存的、與媽媽共有的回憶？他怎麼可以這麼做……怎麼可以……」

看著哽咽到幾乎泣不成聲的她，我眼前也跟著一片模糊。

沒有娘的「娘家」

對她來說，從媽媽去世的那一天起，這個家就僅剩回憶。

因為這個「娘家」，早已沒有娘。只是沒想到，現在連回憶都沒了！

「我一直都很羨慕很早就出嫁的姊姊，嫁作人婦的頭幾年，遇到不會煮的菜，都可以直接打電話回家問我媽。現在的我，只能自己上網找食譜，看影片學做菜……」

她試圖拭去臉上的淚痕，但眼淚卻始終止不住。

「媽媽過世後好多年，有一天姊姊突然跟我說：『妳知道我為何這麼早嫁人嗎？因為這是可以光明正大逃離家裡的最快捷徑。』」

她停頓會兒，繼續說，「老師，你知道嗎？那一刻，我好想跟姊姊說：『我也是……』」

他們有在乎過我嗎？

看不慣父親常不分青紅皂白，一味維護身為獨子的哥哥，讓姊妹倆直想遠離家園。姊姊當年出嫁時，母親仍健在，令姊姊不免有點掛心；等到她自己大學畢業，母親已經撒手人寰，她懷抱著巨大傷痛與失落，頭也不回地離家。

她的婚禮，用最簡約的公證與登記，除了邀請姊姊與姊夫之外，沒有其他家人，父親知道後，差點氣到登報作廢父女關係。

「他有什麼資格生氣？我只要想起哥哥結婚前，父子倆未經我同意，直接把我的房間拿去當新人房，我直到婚禮前一天回到家，才知道自己的房間不見了。再加上哥哥賣祖厝這件事，爸爸從頭到尾默許，瞞著我們。說到底，他們有在乎過我嗎？」

此刻，她臉上的淚水，我已經分不清楚是出於悲憤，還是難過？她自己清楚嗎？在她心裡，「我不重要」的傷痛，除了姊姊，又有誰會懂？父親、哥哥會願意懂嗎？

望著她離去的背影，我腦海裡突然想起老一輩人朗朗上口的一句閩南語俗諺：「老母倒，後頭（娘家之意）遠；老父倒，後頭斷。」

意思是：對閩南家庭裡出嫁的女兒來說，母親的過世，往往會讓自己與娘家變得

長大後的我們，
其實有能力，把
自己愛回來

疏遠；如果連父親都過世了，女兒與娘家的連結通常也跟著斷了！

然而，決定女兒與娘家關係是否疏遠與斷裂的關鍵，豈只是父母親？當長輩終隨歲月凋零，或許，娘家大門敞開與否，端看坐守基業的手足胸襟有多開闊。

心理師暖心分析

即使法律上早已明確保障女兒與兒子享有同等的繼承權，但在台灣許多角落，仍不斷上演「傳子不傳女」的戲碼，甚至有些男性手足視姊妹為假想敵，擔心姊妹回來爭產，無所不用其極的設防、阻隔，或拉攏其他家人同盟，導致家人關係決裂反目。

「不是血濃於水的手足嗎？不是口口聲聲說手心、手背都是肉嗎？為什麼到頭來全然不是這麼一回事！」這是許多女兒在面對父母待兒、待女態度不一的慨嘆與傷痛，甚至為此遠離家園。

就像**父親、兄長，獨斷地決定老家房子的使用方式，表面上似乎只是「空間的處置」，勾起的卻是二十年來在家裡不被重視與尊重的記憶**，一股腦全回來了！同時，也將女兒與原生家庭僅存的薄弱連結摧毀殆盡。因此也就不難理解：為什麼女兒結婚時，不願邀請父親、兄長出席婚禮。

因為，「自組家庭」是她少數可以完全自主的「場域」，當然使盡全力捍衛，不願受到侵擾。

她更心疼母親一輩子付出，卻從不為自己著想，導致積勞成疾病逝，還很快地被父兄遺忘，讓她為母親感到不值與氣憤；為了不想踏上母親的後塵，除了積極在親密關係中尋求一直以來所匱乏的「愛與隸屬」，也很努力地打造一個性別平權的自組家庭。

療心練習與叮嚀

一、面對「文化」與「過往的原生家庭成長經驗」，雖然難以撼動，但可以**從自己以及自組家庭裡，開始著手改寫「家庭／生命腳本」**。例如：把自己在原生家庭中感受到「重男輕女」的經驗標示出來，並且重新改寫後，套用在自組家庭裡，讓那些使我們受傷的文化遺毒不會一代代傳遞下去，繼續傷害我們所愛的伴侶或孩子。

長大後的我們，其實有能力，把自己愛回來

	經驗／事件	我的困惑與內言	核心感受	未來，我會怎麼做？
範例	爸爸與哥哥未經與我討論，直接把我的房間挪作「新人房」。	這也是我的家、我的房間，為什麼可以不用經過我同意？難道只因為我是女兒？	不被尊重。不受重視。憤怒不平。	在乎並尊重每一個家庭成員的感受，更要努力避免因為性別而有所差異，導致讓任何人錯以為自己不重要。
練習一				
練習二				

	依戀的事物	事物背後象徵的意義	核心感受	儀式化與轉移
範例	被賣掉的祖厝、老房子。	與過世的母親共有的回憶。	對媽媽的愛與思念。	設定一個「曾與母親一起去過且感覺很好的地方」，當思念母親時可以造訪。
練習一				
練習二				

長大後的我們，
其實有能力，把
自己愛回來

二、反思：「如果原生家庭讓自己如此受傷，那麼為何還如此依戀？」**檢視令自己依戀的元素背後象徵的意義是什麼**。

例如：上述故事中，老房子不只是一棟房子，一個空間，更象徵「與母親之間共有的回憶」，而真正令她不捨的，其實是這些回憶。

接著，透過「儀式化」的過程，移轉這些依戀的元素，使之獨立於原生家庭糾結的情緒之外，讓正向情感更加純粹。請參考二二四頁。

因為我不乖，才會遇到這種事

——二度受傷的孩子

「無子嗣」的壓力

她與丈夫結婚三年，始終無子嗣，令婆婆頗不能諒解。丈夫在身旁時，還可以為她抵擋些壓力，後來婆婆也學聰明了，專挑兒子不在的時候對媳婦冷嘲熱諷；而她，總把委屈與淚水往肚裡吞。

事實是：三年來，夫妻倆發生性行為的次數，光一隻手就數得完。打從交往階段開始，這男人就很尊重她，認為她只是單純不好男女之道，缺乏「性」致；婚後也從不勉強她。

體貼的丈夫，甚至主動提議分房睡，以免太太對於房事感到過多的壓力；然而取而代之的，卻是傳宗接代的壓力。丈夫家三代以來皆一脈單傳，長輩的目光自然緊盯著這唯一媳婦的肚皮。

不尋常的疏離

然而，其實除了房事之外，還有另一件事，也令這個丈夫感到困惑。

打從婚前，丈夫就一直見不到「準岳母」，屢次主動表達想拜訪，但都被轉移話題而不了了之；若非男方家長堅持基於禮俗，應有「提親儀式」，才不會失禮，否則原本連提親儀式都要省略。

總算在婚禮上見了面，丈夫卻觀察到太太與媽媽間的互動似乎有些疏離，這更令他感到納悶。

「大概因為我念高中開始就離家，獨立生活慣了，所以跟他們比較沒那麼緊密吧！」太太總是這樣回應他。

這天，夫妻倆原已與老人家說好，會回去與他們吃晚飯，並住下來一起度週末。

席間，她得知小姑的男友也會留宿家中，開始顯得侷促，坐不太住，並低聲對丈夫嚷著說要回家。

他對太太的異常舉動感到不對勁，匆匆撇下微慍的父母離開。看著太太驚恐的神情，他終於忍不住急切地問：「究竟是怎麼回事？」驚魂未定的她，千頭萬緒不知從何說起，才一開口，就已哭到無法言語。

疏離的真相

幼時父親早逝，獨留母親與他們兄妹。經濟雖然困頓，但受到父親家族裡的伯伯與姑姑們很多照顧，生活倒也還過得去。他們兄妹倆的確很感謝這些長輩，特別是伯父，提供給他們家許多資源；媽媽常對他們說：以後長大後若有能力，要好好回報伯父。

她升上小學中年級以後，由於媽媽白天在伯父經營的工廠做女工，哥哥也開始讀國中，一個禮拜當中，有兩天的下午只有她在家。

起初，她發現伯父偶爾會在那些下午來找媽媽，但媽媽明明就在他的工廠工作；後來頻率越來越高，她雖覺得有些奇怪，但也沒多想。直到有一天，伯父像變了個人似的，將狼爪伸向她，開始了長達三、四年的不堪歲月。

媽媽說著「要好好回報伯父」的話言猶在耳，加上那個男人對她說：「媽媽一個人帶你們兩個，生活很辛苦，妳也不想她操心吧？！」

她忍耐了很長一段時間，在極度痛苦下，曾試圖跟媽媽說，卻被媽媽大聲喝斥，「小孩子不要亂講話，會害死人！」

那一刻，她終於明白：這個家無法提供給她保護。於是，帶著一身傷痕累累，趁著讀高中的機會，倉皇逃離這個家。

控訴：最沉痛的選擇

看著眼前他所深愛的太太，他震驚到幾乎說不出話來；腦海裡霎時閃過這些年來的許多疑惑，那一瞬間通通都有了解答。有心疼、有不捨，但更多的是憤怒。

然而，對太太來說，最重要的是先生的「不責備」。

「我心裡潛藏著很巨大的羞愧感。理智上明明知道這不是自己的錯，但就是覺得自己『很髒』，我好害怕他知道這個祕密之後，就不要我了……」她說著，淚水也流著，不曾停過；而先生原先握著的手，握得更緊了。

在擁有社工專業背景的先生支持下，他們找了先生工作機構裡的法律顧問，正式提出控訴。即使早有心理準備，但面對家族裡排山倒海而來的責難，她還是幾近崩潰。

我在諮商室裡，不同案主身上數度看過那些神情，那是種「哀莫大於心死」的深刻沉痛。所以夫妻倆決定一起接受諮商。

在他們身上，我不需要太用力地找尋「療癒力量」的來源，因為：無論何時，先生始終緊抓太太不放的那雙手，已經告訴了我答案。

心理師暖心分析

歷來國內外大多數研究與統計報告，都不約而同顯示：性侵害的案例中，熟人性侵遠比陌生人性侵的比例還高。亦即：性侵加害人與被害人認識，甚至是親屬關係的比例甚高；在華人文化裡，稱之為「亂倫」。

「亂倫」在本質上即是種性侵害，也成了許多性侵受害者難以言喻的傷痛。尤其是對幼弱的孩子來說，更是如此。而發生在家庭或家族內的性侵害，往往由於受侵害者對於加害者有感情，所以受侵害之後常見以下三種扭曲的心理反應：

一、誤以為是因為自己不好、做錯事，所以才會「被處罰」。特別是當受害者是平日乖巧的孩子，加害者又是長輩時，反倒會因為長輩帶有恐嚇，用以推託責任的說詞，讓孩子產生許多罪惡感與恐懼感。

二、擔心說出之後無人相信，或是進一步被責備，被認為是不可外揚的「家醜」，並進一步要求受侵害的孩子永遠噤聲，成為家庭禁忌。

三、害怕會引起家庭內的風暴，且擔憂自己無法承受整個家族的壓力。例如，害怕家人間因為這事件而關係失和、衝突……等，將這些負向後果的責任連結到自己身上。

上述三種心理反應，除源自於個人遭扭曲的認知與情緒經驗外，也與華人文化裡過度強調倫常，容易流於「罪責性侵受害者」的社會氛圍有關，兩者共構出對受害者不友善的環境，並讓本應該具有保護功能的父母與家庭，反倒成了傷害。

此外，在成長過程中，對於「性」可能會產生莫名的嫌惡感，不只對生活中與性有關的話題顯得格外敏感，更常會阻礙親密關係的發展。

這些，都成了難以被理解的劇痛與委屈，包括家人與伴侶亦然。

療心練習與叮嚀

一、認知信念自我檢核：

下列敘述，哪些是你曾有過的信念或想法？

1一定是因為我做錯了什麼或我不好，所以才會遇到這種事。

2我不值得被愛，未來也不會有人願意好好地愛我。

3這種事，不能跟別人說，否則會害家人蒙羞與丟臉。

4我不能讓家人知道，以免他們為難。

5為了維持家庭（或家族）和諧與完整性，我不能訴諸法律。

上述的認知與想法，皆是**受侵害者常有的迷思**。若仍有任何其中一種，請務必與心理專業機構或專業人員尋求協助。

二、尋求「替代性客體」與經歷「矯正性情緒經驗」

案例中的丈夫，象徵的是一個穩定且具有支持力的「依附對象」，在親密關係中可以透過提供保護、接納，協助另一半重新經驗正向而穩定的關係，重拾對人的信任。

長大後的我們，其實有能力，把自己愛回來

具有療癒性的「替代性客體」（transitional object）與「矯正性情緒經驗」（corrective emotional experience），雖然在親密關係中可遇不可求，但卻可透過接受諮商或心理治療時，在治療關係中重新經驗。

因此，面對父母在幼時無法提供保護功能而導致的二度創傷，最直接的療心方式，是尋求諮商與心理治療，並於初次會談時，感受諮商師的性別意識，以及個人在諮商關係裡是否感到舒適與安全。

我們時常忘記自己已經長大，也許二十六歲，或是三十六歲，不再只是過去那個只能默默承受、照單全收的年幼孩子，我們有能力與權力決定收下什麼，不收什麼。

讓我們漸漸找回生命的主控權，重新擁抱不同選擇，而非像我們的父母所說：我沒得選擇。

完全接受父母的安排，就是孝順？

——不違抗的孩子

當她挺著六個月的身孕，偕同丈夫出現在等候區時，很難不讓人注意到她。機構助理小心翼翼地招呼她坐下，唯恐一個不小心，出了狀況，實在沒人承擔得起。

但更吸引我目光的，其實是她那自始至終不發一語的丈夫。

夫婦同來的真相

進到諮商室一坐定，他們兩個人之間刻意隔了個空位，分坐兩邊。

在進行家庭會談或伴侶諮商時，我喜歡請他們先坐，我最後才坐下。

我總認為：**在諮商室裡，座位的選擇是有意義的**。包含誰與誰坐一起、兩個人之間有沒有空位、是否選擇坐對面……等，都可能成為「關係狀態」的投射。就像此刻的他們。

我看了一下晤談申請表，「想談的議題類型」一欄裡寫著「婚姻關係」。

「是什麼樣的狀況呢？」我邊說邊望向丈夫那邊。

「你問她吧！」他遲疑了一下，接著說：「是她要我來的。」語氣聽起來頗多無奈。

「問我？那好，我想離婚。」她拉高分貝，又急又氣，眼淚撲簌簌地直掉，逼得丈夫不得不出言安撫：「就跟妳說別亂生氣，小心動了胎氣，妳怎麼都講不聽？」

沒想到這一句話不說還好，一說完後，太太更火大：「你什麼時候擔心過我肚裡的女兒？你們家眼裡只有孫子，什麼時候在乎過孫女？」

他們自顧自地吵了起來，我被晾在旁邊好一會兒；但我也沒閒著，很仔細地看著他們的對話與互動，試圖釐清楚究竟發生了什麼事，也的確看出了點端倪。

媳婦的價值，只在肚皮

她口中所說的「你們家」，指的是她的公公、婆婆。自嫁進他們家以後，已經為他們家生了兩個女兒，肚子裡是第三個。她永遠忘不了公婆在知道第三胎也是女孩後的反應。

「哪欸又擱係『查某囝仔』？」婆婆操著一口道地的台語，如是說。

每一個字都像針一般，針針刺進她的心裡。

但更令她心疼與不捨的，其實是兩個女兒。她很擔心女兒們聽到這些話後，會不會就以為自己不被愛、不被疼了呢？

然而，更震撼的事情還在後頭。

她說，當她因連生兩個女兒而開始備受冷落與冷嘲熱諷，有一天，不小心從鄰居那邊聽到，原來在她嫁入他們家之前，其實他曾有過一段婚姻，但因為女方婚後兩、三年肚皮完全沒有消息，後來傷痕累累地離開他們家。

「他們把媳婦當什麼？生孩子的機器嗎？而且還一定得生男的，否則什麼都不是！」她惡狠狠地瞪了她丈夫一下。

「但最令我震驚與憤怒的，不是這個，也不是他的欺瞞，而是他冷漠的態度！

他怎麼可以容許他爸媽這麼糟蹋他的太太、小孩，吭都不吭一聲；而且我還不是第一個！」她再度激動得聲淚俱下。

而他再度低頭不語，像是默認了這一切。

我一直以為「母憑子貴」的年代已經遠離，沒想到卻仍如此靠近。

畏縮的小男孩

「那你們現在有什麼打算？」我單刀直入地問，但她顯然還在氣頭上，氣到不想回答。

他偷偷瞄了一下他太太，「她說她想離婚，但我不要。所以，她的條件就是要我一起來諮商。」

「你很在乎她，所以你就一起來了……那接下來呢？」

「接下來再看我的表現怎麼樣……」他的聲音有些微弱。

不知怎的，這一刻，我彷彿看見一個尚未長大的小男孩，被責備後的恐懼與退縮。

差別只在於：以前責備他的，只有媽媽；現在數落他的，還有太太。以前被責

備，可能是因為不聽話；現在被數落，卻是因為太聽話。

我心中雖不免好奇「這個畏縮的小男孩，是怎麼來的？」但也對這小男孩開始為了自己愛護的家人而試圖改變，燃起些許希望。

只是，他**需要更多的支持來鞏固好不容易萌生的勇氣**，所以我決定幫助他們夫妻倆看見這一小步難得的躍進。

「在前段婚姻結束前，你有為你們的婚姻做了什麼努力？」

面對我的問題，他尷尬地搖搖頭後，羞愧地低下頭。

「那這一次為什麼會願意跟太太一起來？」我再問。

「因為我不想再這樣繼續下去了……」

他的聲音雖然依舊微弱，但我相信每個字都輕敲著太太的心坎。因為，隔週來談時，他們之間已沒有留空位。

心理師暖心分析

在上述案例的家庭裡，潛藏著兩個華人家庭常見的重要議題：第一個是父權文化下「重男輕女」的現象；第二個則是親代與子代間的「界限」過於模糊。

「子嗣」觀念仍深植在許多華人家庭裡，使得家族對於「傳宗接代」、「延續香火」存有很高的焦慮感，導致很多家庭裡生育了「七仙女」、「六朵花」（連生六、七個女孩），才得么子。這種狀況，也成了華人家庭的特產。

因此，對很多女性來說，在過程中感受到的，就像故事中的那位太太一樣：大家對「肚皮」的關注，遠勝過對「人」的關懷，而一個母親的價值，竟是奠基於「有沒有生兒子」。

她不禁擔憂起自己的女兒在這個家中能不能得到公平的愛與對待。但**伴侶不聞不問，不挺、不支持的態度，成了「二度創傷」**。

案例中的夫妻，看似帶著第一個議題來到諮商室，後來發現：真正讓妻子心寒與失望的，是丈夫的軟弱與漠視，讓她在這個家裡看不見希望及未來。

然而，在這個家庭裡，除了太太與女兒之外，其實還有另一個受害者。

丈夫從小在「高控制」的原生家庭中長大，父母親對於孩子的一切，雖然總是「高關懷」，卻也強勢介入所有大、小決定，主導孩子的一切，包含升學、就業，甚至包括婚姻、育兒教養。

高控制的父母時常打著「孝順」的旗幟且無限上綱，讓孩子以為「無條件接受一

切安排，就是服膺孝道」，卻忽略了從「原生家庭」到「自組家庭」，孝順需得有適度的界限。

「孝順」一直是華人文化推崇的美德，鮮少人說孝順有何不妥；很多人挑選伴侶時，也很在乎對方是否孝順，彷彿若對方對自己的父母孝順，就可以預測對未來的家人、長輩也會同等照顧。

問題就出在：當華人文化所推崇的「孝順」美德，遇到同為華人家庭裡常出現的「界限」問題，就容易迸出火花。

很多人自小習慣將「孝順」與「凡事依從父母」劃上等號，在做決定時，也以父母的意見為依歸，以為這就是孝順。

當自己進入婚姻，組成家庭之後，卻沒有覺察並隨之調整與修正，忽略了自己新組成的家庭也需要被考量、伴侶的聲音需要被聽見，導致失衡，引起伴侶與家人的不平。

如果因為「擔心讓父母不開心」，以至於連自組家庭裡的各種大小決定（例如：買車、買房、小孩的就學選擇、週末時間規劃）都優先考量原生家庭父母的感受，罔顧自己伴侶的意見，這樣的「孝順」是值得被挑戰的。

此時，該問自己的是：我與父母之間的關係，是否太過黏膩？過度緊密共生？該怎麼調整？以免阻礙發展健康的「自組家庭」關係。

療心練習與叮嚀

一、「界限」覺察練習：

1列出最近五件「重大決定事件」的「考量因素」各三個，並依各因素的重要性排序。（如果已有自組家庭者，請以自組家庭的重大決定事件為主。）

2計算一下與「原生家庭」或「父母」有關的考量因素共出現幾次。

3伴隨這些考量因素一起出現的情緒有哪些。

4寫下你的發現與覺察。

二、「選擇權」覺察練習：

1承上，如果將上述五個事件的「考量因素」重新修改與排序，你會怎麼修正？請寫下來。

2比對一下調整前與調整後的順序，試著說說它們之間有哪些差異？

3假設進行這些調整時，需要某種「能力」，那會是什麼？要如何長出這項能力來？

她永遠都是那個等不到母愛的小女孩

——不被期待到來的孩子

看著晤談申請表上的名字，我腦海裡全然對應不到任何面孔。調出檔案後，看到「出養」兩個字，我的記憶一股腦回來。

雖然她只來過一次，而且是好多年前的事，但在我的記憶中，曾來諮詢「出養」的人，一隻手應該數得完。

因為，這樣的當事人通常會找的，是律師，而非諮商師。一旦選擇來到諮商室，依我的經驗與直覺：帶著問題來的同時，更期待問題背後的故事有機會被聽見。

我的直覺沒有錯。當年，她替甫進大學未婚待產的妹妹來諮詢，由於雙方家長已經協議好待小娃兒出生後要「出養」，但她看見妹妹的哀慟，忍不住抱著妹妹一起掉淚。

「感受得到妳跟妹妹的感情很要好，所以很心疼這個妹妹。她有妳這個姊姊保護著她，其實很幸福。但也請妳好好照顧自己，別累壞了！」

這是多年前結束談話前，我隱約嗅到她不一定會再出現，所以給予她祝福。

不被歡迎的創痛

「老師，你記得當年在談話結束前，最後對我說的話嗎？」她問。

我點點頭。記憶力向來不佳的我，卻能在事隔那麼多年後仍把對話記得如此清楚，是因為她當時欲言又止的反應，以及尷尬的笑容。

「後來，我跟妹妹大吵一架，而且兩個人冷戰長達好幾年。」她微弱的語氣，讓我一度懷疑自己聽錯了。

「其實，我跟妹妹是同父異母的姊妹，我們兩個年齡差距很大。」

她看著我，接續說，「當初討論要不要把孩子出養，我一知道男方壓根兒不想要這個孩子後，就站在『贊成出養』的那邊，事後妹妹知道這件事後，對我極不諒解。」

我強忍震驚，「妳這麼愛護這個妹妹，卻得做出如此決定，我想，勢必有妳不得不的理由，那是什麼？」

「大家都說，父母都是愛孩子的，對於新生命的到來充滿期待。但我不是！我並非在媽媽的歡迎下出生。媽媽是因為爸爸愛小孩，有延續香火的壓力，才勉強懷我，生下我的。」

她淚眼看著我，「我的童年過得並不好，媽媽完全不想跟我接觸。老師，你可以懂那種痛嗎？」

令人慨嘆的，不僅止於此。由於父親忙於工作，母親嫌小孩吵，不願照顧她，自幼即丟回給爺爺奶奶照顧。但爺爺奶奶重男輕女，姑姑們更時常在她面前冷嘲熱諷她的母親，讓她羞愧到無地自容。

看著她，我突然想起前些日子在網路上，所看到的系列文章：一名母親自述不愛小孩，很想暫時離家，等孩子大了再回來。文章一出，除了引起網友熱烈議論外，也引來社工人員與心理專業人員的關注、回應與呼籲。

看著眼前的她，生命歷程與故事如出一轍，不同的是：那個等不到母愛的小女孩，已經長大，而且正在我面前，而不只是「別人的故事」。

曾經遺憾，努力阻止另一件遺憾的發生

「爸爸最終帶著我離開婚姻，放手讓媽媽自由。只是，從此也意志消沉，與我越來越疏遠。他曾在某次喝醉時哭著告訴我：『孩子，妳別怪我！因為每次看到妳，都會讓我想起妳媽媽；因為妳，我被迫選擇。』」她再度哽咽。

「我受夠了爹不疼、娘不愛的人生，好幾度絕望到差點結束自己的生命，也完全不敢進入婚姻。我沒把握自己是否還有愛人的能力，深怕未來會害了孩子。」

我靜靜地聽，偷偷地感到鼻酸。

「所以，當妳知道這孩子一出生就得面臨『沒有爸爸』的窘境，加上媽媽自身的狀態又不夠成熟穩定，喚起了妳幼時種種不堪回憶，不自覺替孩子擔憂了起來。」

她點點頭：「我不希望看到這個孩子跟我一樣。她值得更多的愛，更好的父母。」

「那孩子值得更多的愛，更好的父母，那妳自己呢？妳願意當妳內心深處那個受傷小女孩的『好父母』，好好地愛她嗎？」我說。

她抽搐著身體，哭到不能自已，猛點頭。

長大後的我們，其實有能力，把自己愛回來

我們，都沒法選擇我們的父母；可以做的，是重新找回愛的能力，好好地當自己內在小孩的父母，然後愛回自己。

心理師暖心分析

身體上的暴力，容易受到關注。但有一種痛，不會留下任何身體上的傷疤，沒有明顯可見的傷口，難以被看見與覺察。

它叫「拒絕」、「冷漠」與「忽略」。

有些孩子，在不被父母期待的狀態下來到這世上。父母也許是過於年輕，也許是還沒準備好，又或者是如同故事中女孩的父母一樣，對於是否要孕育新生命難以達成共識，有一方感到勉強。

而這些**來自父母對自己或伴侶的負向情緒，在孩子降臨家庭以後，也順勢移轉成對孩子的情緒**。例如：前述故事中，母親的勉強，轉化成對孩子的冷漠與抗拒接觸，而父親因此感到為難與自責。

但無辜的孩子，所感受到的是自己「不受歡迎」、「沒有價值」，甚至打從心底認為：我的到來，造成爸媽這麼大的衝突，這麼多的矛盾與不愉快，這一切都是我的錯，所以我不值得被愛，而爸媽也不愛我，是應該的！於是，被迫成熟懂事，體諒父母難處，也完全不敢討愛。

也許，從來沒有人告訴孩子：這不是你的錯！因為你沒得選擇自己是否來到這世上，無法決定要落在哪戶人家。

而父母，或許不是不愛你，而是縱使千夫所指，或是任我們表達對愛的企盼與渴望，甚至直接討愛，他們也沒能力給出愛。

療心練習與叮嚀

•療心練習：給內在小孩的信

這些對愛索求不得，又找不到心理依歸的傷痛，除非能夠找到一個穩定的依附對象，足以替代原生家庭的父母，否則那顆漂泊、渴求愛的心，總是難以靠岸。

只是，當我們再次將愛的歸屬託付他人，不免懷著「我會不會再次受傷？」的擔憂與恐懼而遲疑了療癒的腳步。

事實上，我在很多周邊朋友與求助者身上，看見「**成為自己的正向替代成人／父母」的力量與可能**，並且有能力把自己愛回來，而非只能仰望他人給予愛。只是我們常常不知道該如何做，才能愛回自己。

如果你願意，邀請你寫一封信，給自己的內在小孩，一起練習「愛回自己」。

「給內在小孩的信」：

一、設定內在小孩的年齡。以對孩子說話的口吻，表達你對他幼時生命歷程的理解。

二、對他訴說「三個讓你覺得印象深刻的時刻」，也許是開心的，也許是難過或受傷的，都可以。

三、與他分享：現在的你，在上述這三個時刻，你想要用什麼方式陪伴他。

四、表達對他的疼惜，以及對他的鼓勵與祝福。

「給內在小孩的信」示例：

親愛的孩子（或代換成你的暱稱、小名）：

恭喜你，已經八歲了。我看見你一路以來，花了好多力氣讓自己可以把日子過好，總是希望自己不用依賴其他人，你的成熟、懂事、善解人意，讓大人很放心，卻也讓你更辛苦。

我印象最深刻的，是有一次，爸爸週末沒有去爺爺奶奶家帶你回去，你在心裡不斷地告訴自己：「我想，爸爸這個禮拜的週末，應該是很忙吧！或是媽媽身體不舒服，爸爸怕我吵到媽媽，所以沒來帶我回去。」

但那時候的你，心裡其實好害怕，怕爸爸永遠不來接你了。

親愛的孩子，你知道嗎？在爸爸失約沒能來接你的那一天，我好想把你緊緊擁入懷，與你聊聊你的害怕，然後陪你好好地大哭一場。

我想告訴你「那不是你的錯」，那是父母的不成熟，與你無關。

還有另一次……（以下略），以及第三次……（以下略）

親愛的孩子，辛苦了！（抱）謝謝你這些年來的堅持，沒有放棄自己，現在的我，才得以有機會回過頭去把這一切給看清楚，並開始有力量回頭去愛你、陪伴你。

長大後的我們，
其實有能力，把
自己愛回來

最後，我想讓你知道：
你不孤單，因為有我在，不會離開。

他的懂事，卻成為對父母矛盾情緒的來源

——感到羞恥的孩子

初見面時，他忍不住嘆息，苦笑地說：「剛剛一直到你們門外，我都還在想，我是不是太大驚小怪了，因為好像也不是什麼重要的事。真的要進去嗎？」

看著欲言又止的他，我給了一個微笑。

「我可以理解，而且你絕不孤單！因為對許多來尋求諮商的人來說，那道門彷彿有千斤重。」

大學時期，我曾經因為長時間的情緒低落與睡眠障礙，掛完號，去到精神科候診區時，有好幾次想逃，所以很能明白案主在門外徘徊猶豫的心情。

「但如果不找人聊一聊，我真的不知道該怎麼繼續跟我爸媽相處。再這樣下去，我猜我會越來越不想跟他們出門。」

年近三十，在知名跨國藥廠工作，擁有令人稱羨的年收入，他其實對父母很孝順；但也**因為孝順，所以更感矛盾與衝突**。

孩子的成就，父母的驕傲

「我自小在偏鄉長大。在偏鄉長大的最大好處就是：因為大多數孩子都不太念書，所以想要好成績很簡單，只要比其他同學還用功一點，大致上成績都不會太難看；即使是像我這種苦讀型的學生，也一樣。」他說。

他自小就算用功，尤其是到了小學高年級、大多數同學開始發育以後，相較於同年齡的小孩，他的個子顯得格外瘦小，更一頭鑽進課業，以填補內心的自信空缺，所以自國小到國中階段，成績都維持得不錯。

「我的父母，也引以為傲，並把所有的希望寄託在我的身上，雖然他們沒有明講『我們家就靠你了』這麼直白的話，但我依舊可以嗅到『光耀門楣』的期待。」

隨著年紀漸長，他慢慢意識到，在父母的期待裡，除了出於對孩子的愛，希望孩

子不用再像他們一樣過苦日子，還有另一個重要的元素：我們家，終於有機會不用再被人看不起。

「我爸媽做了一輩子粗活，大字沒認得幾個，每逢開學季，他們就得四處去跟人家借錢，讓我們幾個小孩可以順利註冊。我腦海裡常浮現小時候的情景：媽媽一手牽著一個小孩，低聲下氣地挨家挨戶借一點算一點，被冷嘲熱諷是家常便飯！」他提到這一段時，情緒明顯波動。

他說，有一回他甚至聽到有親戚當著他和姊姊面前說：「供不起孩子念書，就讓孩子早點工作賺錢嘛！幹嘛打腫臉充胖子？」

媽媽吭都沒吭一聲，等到走在回家的路上，才蹲下來對他們說：「爸媽被看不起沒關係，但不能讓你們繼續被看不起。」

父母殷殷期盼的心情，他是懂得的，而且也明白父母的用心良苦並不是真的為炫耀而炫耀。只是沒料到，他的懂事卻成了他對父母矛盾情緒的來源。

孩子的成就成了父母的炫耀

「念國中時，起初同學會到家裡來找我玩。他們成績有高、有低，並不是所有人成績都好，但是我爸媽看到這些同學時，都只理那幾個成績好的同學。慢慢的，那些成績不好的同學，就不來了。」他臉上掠過了一抹淡淡的沮喪。

「那你往後豈不是只能與成績好的同學來往？」我問。

「我本來也以為如此，沒想到更慘！」他輕嘆了一口氣。

「後來考高中時，我順利以高分考上第一志願，但我們那一掛好友，有兩三個同學失常、沒考好，結果我媽遇到他們時，竟然直接開口說，『國中成績明明比我兒子好，怎麼失常得這麼嚴重，搞到只能去念私立學校？』我在一旁聽得既尷尬又難堪。

「上高中以後，國中好友幾乎都跟我漸行漸遠，就算是繼續同校的同學，在校園裡遇到了，也僅僅是打個招呼而已。後來，我意外發現他們私下開過幾次同學會，我卻不曾收到通知。

「我有好幾次想要發作，但一想到爸媽的心情，又吞了回去。對他們來說，過去因為家窮，被人看不起了大半輩子，好不容易因為他們的兒子而有了揚眉吐氣的機會，偶爾讓他們說嘴一下又何妨？更何況，我的成就也是他們栽培的，我好像不能這樣自私，只想到自己的感受。

「唉……」他說完一大段心裡的糾結後，深深地嘆了一大口氣。

即使心裡很氣，但孝順如他，依舊選擇不對媽媽「發作」，暗自承受這些。

只是，他心中也暗自做了決定：不再讓媽媽有機會接觸他的朋友，且從此不邀同學到家裡來玩。

「事情發展至此，究竟是誰的損失？這位母親可能始終不明白，甚至還可能責怪孩子都不介紹朋友、同事讓家人認識。」

思及於此，我在心裡也忍不住搖頭。

心理師暖心分析

當父母習慣把孩子的成就表現拿來炫耀，對孩子常見幾個負向影響：

一、在父母的身教示範下，孩子學會以炫耀的方式與人互動，影響其與同儕之間的關係；另一方面，**這樣的孩子較難接納自己不夠好的部分**，養成好強，凡事爭第一的競爭習慣，自己也會倍加辛苦。

二、孩子感受到自己只是父母炫耀的工具，懷疑父母是否真的愛「我」？還是只愛我的「表現」？等到更長大些，為脫離被父母設定好的生涯路徑，會**不惜用衝突**

與其他激烈手段來表達自己的不滿，或是爭取生命自主權。

三、有些孝順的孩子，雖然悶不作聲，但心裡因為父母的炫耀舉動而覺得難堪、困窘，並且因此承受人際關係不佳、朋友遠離……等後果，卻又因為貼心、孝順，而無力開口抵擋這些。

前述故事中的主角，即屬第三種型態。在後續的談話中，經過討論，他擬出了兩個「行動方案」，也是我們在協助這一類案主常會用的療癒方法。

第一件事，是**對父母主動吐露當年的心情**。只是他覺得自己尚未準備好開口，所以還在等待。

我想起顏擇雅曾經在〈炫耀是一種壞身教〉一文裡提到她自己曾遇過的例子。她曾私底下勸一位朋友不應該常拿孩子來炫耀，沒想到對方竟然一臉無辜回應她：「可是我說的都是真話呀。」即使她繼續勸：「你應該想想聽者的感受。」得到的卻仍是：「我孩子就是這麼優秀，別人要眼紅也沒辦法。」這樣的回答。

而如果連旁人，甚至還是一位親職領域專家對父母開口提醒，父母都難以覺察自己炫耀行為的不妥，那麼對孩子來說，在親代、子代權力不對稱的前提下。這件事有多難以啟齒，開口前又需要做多少心理準備，也就不難理解；更遑論是一個孝順的孩子，陷在「我愛父母」，「我也氣父母」的矛盾情緒中，難以掙脫。

相較於與父母間的關係療癒，第二件事對案主來說通常相對簡單許多：選擇**分別聯繫那些當年曾經相熟的好友，當面向他們致歉**。即使這個「道歉」來得有點遲，但「遲到」總比「沒到」好。

以上述故事中的主角為例，當他展開與朋友和解的旅程後，他驚喜地發現：在他真誠地表示歉意之際，雙方多年的心結與疙瘩，大多能因此釋然。

療心練習與叮嚀

• 療心方式：用對話開啟和解的旅程

一、與父母的和解：愛與界限並存。

1與父母分享在那些時刻當下的感受與情緒，以及對自己後續的影響，幫助他們理解「原來這些不經意的行為，已經對他們所愛的孩子造成負向影響」。

2表達自己對他們這些行為背後的正向理解，以及自己一直以來之所以選擇不說的矛盾心情。

二、與好友的和解：真誠地向對方表達歉意，例如：「如果當年，我爸媽曾有對你說過任何讓你感到不舒服的話，我想代他們鄭重地向你道歉。」澄清當年何以沒有開口，了解對方的感受，並重新開啟對話。

三、與自己和好：無論是與父母或與過去的好友和解，看似皆為「向外尋求」和解的可能，但是其實**真正療癒的，卻是我們自己**。

當我們能把過去未能完整的關係經驗好好地收整，即使未能圓滿，也能不帶過多遺憾地在生命裡往前走，並且有能力開展並經營新的關係。

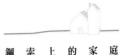

沒被說出口的傷痛，成了「家庭禁忌」

——對死亡焦慮的孩子

大學畢業的短短幾年內，我接連經歷了手足、學生、外公離開等重大死亡經驗，生命也受到極大的撞擊。

最簡單的數字，最艱難的答案

大姊驟世後沒多久，姊夫搬離了我們家。因為，每次的見面，對彼此都是一種提醒與傷痛。幾個月後，他連工作都辭掉了，並告訴我們：他要去英國進修，大約一年。九個月後，回到台灣短暫停留，以「既然都去了，不順便拿個EMBA回來挺可惜的；我學校申請好了，會繼續回去拿學位」為由，再度飛到遙遠的大不列顛。

沒有人開口反對、攔阻，因為他的傷痛，比任何人都巨大許多。

我失去的姊姊，是他最摯愛的妻子；更何況，他同時失去的，還有來不及與這世界見面即被迫離開的孩子。

那些年，我在心裡好幾度對著姊姊吶喊：「姊，祝福姊夫吧！他還年輕，還有自己的人生路要走，但這幾年來，**除了哀傷，他又比我們多了一個叫做『自責』的情緒，如此濃烈**。不管人是否在台灣，他與他的家人、妳的公婆，總會加倍照顧我們，照顧爸媽；我們不能這麼自私，該鼓勵他去尋找自己的幸福，妳在他心中不需要占住這個位置。因為，妳曾經是他最深愛的妻子，從過去、現在到未來，不會改變。」

至於我自己，則從來沒想到：「你有幾個兄弟姊妹？」這問題的答案不過是一個數字，竟會令我如此焦慮，難以回答。

有很長一段時間，當這個問題出現時，「四」與「五」在我腦海裡有很大的爭戰。

保險，不只是保險

大姊過世後沒幾年，外公因久病辭世。相較於我父母完全噤口避談死亡的態度，外婆在年過八十以後，為她自己與外公，分別買了「生前契約」。所以外公一過世，隨即依照契約裡的治喪方式籌備葬禮，有條不紊。

外公的告別式在台北，我與太太提前一天北上。搭車抵台北，在去與其他家人碰面之前，我們用了點零碎時間，晃了一下車站裡的誠品書店。

望著書架上好幾本關於死亡的書籍，我被其中一本封面及書腰的文字深深吸引，正翻到內頁看得出神時，我太太突然挨近身邊，看到書名，丟下一句，「看這幹嘛？」後，又轉身鑽進其他圖書區。

我們之間，各自因著重大、未經完全療癒的失落經驗，所以少談死亡。

為什麼不敢談？因為重大失落經驗，讓我們倆都欠缺面對死亡的幽默感，只有在談論保單時，會稍微碰觸這個話題。

開始工作以後，我買了很多很多「非回本型」的高保額保單，因為我對死亡有著極高的焦慮，那種焦慮不是出自對死亡痛楚的恐懼，而是腦海裡時常想到：若我有天走得突然，那我所愛的人怎麼辦？

長大後的我們，
其實有能力，把
自己愛回來

那段時間，我腦海裡時常在計算：如果我下一刻就離開這世界，家人（包含原生家庭的父母以及我的太太）可以領多少理賠金？甚至會細分「一般身故」、「癌症病逝」、「意外身故」等不同狀況分別計算，一心就只怕不夠，所以一直買、一直買、一直買……直到我有一天突然發現我每月的薪水有將近四分之一花在非還本型的保險上，我才稍稍節制這樣的強迫行為。

生命最後的禮物

外公告別式當天，我們最後一站來到了金山上的龍巖大樓。最後一個步驟是將我們預先準備好的「老嫁妝」丟進爐裡化掉，燒給外公。

打從那些東西還沒焚化掉之前，我太太就一直對那些紙做的名車、豪宅、金條、麻將很感興趣。等到我們這些晚輩一人一物，都丟進爐裡化掉之後，我與她準備轉身入內做洗滌。一轉身，我聽到她對我說：「我知道我要燒什麼給你了！我要燒棒球與球棒。」

我愣住了半晌，故作鎮定地幫她補充道：「不，妳還要多燒一些紙人給我，因為我需要很多隊友。」

我們倆看著彼此，發出會心的一笑，這是我們第一次發現：原來，面對死亡，也可以很幽默；而**從「生命最後的禮物」內容中，窺見的不是離開的人愛什麼，而是送禮物的人懂了你什麼**。

心理師暖心分析

近幾年在對高中孩子的生命教育課堂上，我常會做一個簡單調查：「父母親曾與你談論過死亡的，請舉手！」

這些年下來所呈現的結果並不令人意外：平均每個班級約四十個孩子裡，最多都只有五至十個孩子舉手。

在台灣家庭裡，大多數的家庭都避談死亡。長輩對死亡的畏懼，認為談死亡觸霉頭，所以不喜歡談；當晚輩意識到長輩的忌諱，為免觸怒或使其感受到不舒服，也跟著不去碰觸。

平時可能看不出有何問題，但當遇到家庭成員驟逝，那些沒被說出來的傷痛在家人間流轉著，儼然成為「家庭禁忌」；明明存在著，大家卻噤聲不談，讓情緒悶燒。

長大後的我們，其實有能力，把自己愛回來

因此，在華人文化裡，當個人的哀傷失落任務遇上家庭系統，往往交織出更複雜的情緒，更需要找到適當的出口，卻反倒受到更多阻隔，並且**欠缺好好道別的機會**，讓療癒歷程走得更艱辛、更漫長。

療心練習與叮嚀

•療心練習：「道別信」的療癒書寫

如果你隱約感覺自己的生活仍受生命中重大失落事件影響，以至於在某些「關係」或生命階段停滯不前，那麼你需要的，是透過「好好道別」，讓這些情緒歷程被完整經歷，並從中找到繼續往前走的力量。

無論是我用來陪伴自己，或是在我陪伴案主的過程，「道別書信」都是深受許多人喜愛的療癒方式。

一、寫下你想道別的對象。

二、述說當年他離開時，你沒說出口的話語、遺憾，或傷痛，以及他的離開對你生命的影響。

三、寫下你希望他給予的祝福與力量，以讓你重新找到面對生活與生命的勇氣。

四、與他好好祝福與道別。

「道別信」示例：

姊：

鼓起了好大的勇氣，在六週年的今天，我想我應該有辦法開始寫下這封信。而我也可以預見，這封信肯定會和著淚水，一起完成。

當年，妳與寶寶走得匆忙，連妳的最後一面我都來不及見到，（以下略）……妳的離開，讓過去一向軟弱的弟弟，開始勇敢了起來。「如果生命面對的最大苦難只是死亡，那還有什麼好害怕的？」就在妳走的那一刻，我真的懂了。

我的哀傷失落歷程走完了嗎？我不知道！我只知道，我已經縱容它阻礙我專業上的成長太久了。我不敢太積極於專業進修（包含考研究所），因為那會被迫去面對、去處理這個傷痛，而我覺得自己並未準備好。

但，今年的幸運上榜，似乎也是妳在提醒我：該是時候了！生命，該繼續往前走了！（以下略）……

姊，我該正式向妳道別了。這個道別，放了六年；雖然不捨，卻是必須！我的手機電話簿裡，妳從來不曾缺席過。但是今天開始，我決定要讓妳缺席了，好嗎？（以下略）……

永遠愛妳的弟

孩子取代父母在家庭的功能

——不得不強悍的孩子

如受詛咒般的清明節

「如果每年的農曆年是已婚女性的惡夢，那麼每年清明節的早上，就是我一年之中最不想醒來的日子。」

據他自己說：近十年來，每一年的清明節前後一至兩個月，都是他一年之中狀態最低迷的段落。

「印象最深刻的，是有一年，我掃墓到一半，接到我媽的急電；我爸明明就在我身邊，但我媽是打給我，不是打給我爸。我立刻衝回家，破門、奪刀，收拾一連串兵荒馬亂、荒謬至極的自殺鬧劇。」

他啜飲了一口茶，緩一緩自己的情緒。

「還有一年，我必須出動波麗士大人到家裡，用警察嚇阻正把孩子打到半死的大人。」

他指的是他的弟弟。幾年前，老婆跑了，獨留他與女兒共同生活，從此一直賴在家裡讓老父母養，既不出門工作，又成天酗酒，喝醉後三不五時就打小孩。

「去年，我論文急如火燒，差點畢不了業，但還是要來回斡旋於原生家庭裡的突發狀況。有時候，整個晚上論文沒寫到半個字，被迫擱置一旁，卻需要寫好幾封信，分別給不同家人；針對不同人，有的要安撫，有的要喝斥禁制，有的要支開，只求不要給我壞事就好。」他的孤單與無力，全寫在臉上。

「辛苦了！看來，你在家裡幾乎取代了你爸媽的功能。我猜想，這過程應該帶有不少情緒，對吧？」

遇到一個處境與我如此相似的個案，我自是明白那過程有多辛苦，情緒也忍不住翻攪了起來。

「謝謝老師看見我的辛苦。」他深呼吸了一口氣，接著說：「唉！其實我爸媽沒有對我不好。真的，沒有不好！**對我不好，讓我辛苦的，是他們身上沉重的文化包袱**，是大家族裡獨子、嫡長孫的位置，所以他們希望我可以出人頭地，不會像他們一樣被瞧不起。」

強悍，是為了保護父母

他說：爸媽的善良與熱情，被家族宗親視為懦弱。每年清明節掃墓後的宗親會，上百人的族親，有好幾戶有錢人家，以及不只一個平時為躲債而「跑路」，只在一年的這一天出現。

但，不管是有錢的，躲債的，似乎任何人都可以對他爸媽頤指氣使。甚至，連爸媽跟他們打招呼，他們都可以無視，卻與家族裡其他的有錢人熱切互動。只有遇到他時，會客氣點叫一聲「洪老師」。

「至於有錢人家，三番兩次假裝好意送我爸媽健康食品，他們感謝、收下。經過我手時，我卻發現：所謂禮物，是他們出清倉庫裡過期的健康食品。」

他難忍氣憤地說：「假仁假義施捨，但卻是欺負我爸媽不識字，也吃定他們就算發現，這口氣也會『吞下去』。直到有一次，我真的氣壞了！故意在公開場合，拿著其中幾瓶，大聲說，『這一瓶不是過期了嗎？那一瓶也是……每一瓶都是！是誰故意送過期的健康食品給你們？』」

「知識，會長出令人不可小覷的力量」，那一刻，他終於懂了。也深刻明白，何以爸媽要給他受這麼多教育。

「今年的清明節宗親會，我吃飯吃到差點翻桌走人。但我知道，我爸媽會因此感到難堪，不希望我這樣，我只好強忍下來。」他說。

「怨懟他們的同時，我們也常帶著對他們很深的心疼與不捨。就是這樣的糾結，每每在想要殘忍地劃下界限時，也屢屢縮了手。往往只能用更加逃避的方式，甚至很抗拒接來自原生家庭父母與手足的電話，卻又因此感到自責與罪惡。」

聽我說完後，他目不轉睛地看著我，紅了眼眶，「老師，謝謝你！沒想到有人可以這麼深刻理解我的感覺與處境……」

事實上，我們常常一邊抱怨著父母，一邊保護著父母，但心裡面真正希望被貼近與被理解的，是我們對父母糾結的愛，而非那些抱怨。

因為，如果不是出自於這份愛，也許早就逃離家園，撒手不管，又何須如此辛苦？堅強捍衛，不輕言離開的背後，支撐著的，正是這份出自天性，從未懷疑且堅定的愛啊！

心理師暖心分析

面對父母，所產生的矛盾情緒，容易讓身為子女的我們進退維谷。

曾有位來求助的個案，與我分享一段話，道盡子女的煎熬處境：

「大家都說：家，是避風港。

他們還說：天下無不是的父母。

但為什麼，每當我靠近一點時，傷痕累累；疏遠一點時，又歉疚糾結？」

但即使如此，我們最終鮮少選擇離開，而是繼續留在關係裡，往原生家庭靠近。

諮商歷程中，很多案主在意識到自己抱怨的背後，其實是不願意且拋不下原生家庭之後，心境反倒產生微妙的變化，開始轉而思考：既然我與原生家庭的界限劃不開，那麼，該怎麼調整好，讓自己更有能量，更具影響力？

於是，很多人選擇面對，不再逃避。並透過任何可能的機會，告訴原生家庭成員：如果你們要仰望我、依賴我，協助處理家中事務，那就得積極合作，而非互扯後腿，內耗家庭動能，使得全家人持續陷溺在困境裡。

奇妙的是：逃避時，我們往往只看到傳統華人文化家庭下的角色壓力與限制，大

長大後的我們，其實有能力，把自己愛回來

到讓我們能逃多遠，就想逃多遠；**決定面對時，卻開始看見壓力背後相對應的權力，想著如何借力使力，好讓我們自己重拾控制感。**

療心練習與叮嚀

• 情緒覺察練習與行動方案選擇

「消極逃避」與「積極面對」這兩種問題處理策略大相逕庭，分別衍生的情緒也截然不同。

試著把過去面對原生家庭時，令你感到困擾的情境，以及你所慣用的因應策略寫下來，感受一下自己在那些情境下的情緒。

接著，根據情境，擬定出「積極面對」的因應策略，並於執行後記錄自己的情緒感受。

「情緒覺察與行動方案選擇」練習：

令你困擾的情境：

一、過去的因應策略：
二、舊有（逃避）策略所引發的情緒感受：
三、「積極面對」的因應策略：
四、（執行完畢後）的情緒感受：

「情緒覺察與行動方案選擇」練習示例：
令你困擾的情境：原生家庭遇有事情發生，父母、家人會狂call我手機。
一、過去的因應策略：看到他們的來電（或訊息），拒接、拒看、拒回。
二、舊有（逃避）策略所引發的情緒感受：煩躁、生氣、自責。
三、「積極面對」的因應策略：接聽電話，接收他們的期待後，要求召開家庭會議，並於會議中面對面公開討論「分工」、「約法三章事項」……等。
四、執行完畢後的情緒感受：篤定、從失控狀態中找回控制感、減緩不安與自責、感覺到自己很有力量、有全家人一起努力的感覺……等。

將原生家庭中多個令你感到困擾的情境，按照上述的方法反覆進行書寫、整理，常能逐漸感受到文字的提升力量，並且搭配行動方案，選擇練習與實際操作，你將會發現：相對於原先滿溢的無助與罪咎感，面對困境，其實我們都擁有選擇權、都具有力量，而非只能默默承受或逃離。

長大後的我們，
其實有能力，把
自己愛回來

深陷「悲傷的生命腳本」，無法抽身

——抱怨的孩子

喋喋不休的抱怨與控訴

他再度滔滔不絕地抱怨著工作、生活、周邊所有人，包含一雙窮苦的父母與原生家庭如何拖累他的生命。

我瞧了一眼牆上的鐘，他已經抱怨了整整三十分鐘，而且絲毫沒有停下來的打算。

「我先離開一下。三分鐘後回來。」我打斷他，並丟下這句話後，轉身走出諮商室，留下錯愕的他。

從諮商室到茶水間，不過短短不到十公尺的距離，我刻意放慢我的腳步，裝了杯咖啡，緩一緩呼吸以及情緒。

從事諮商輔導工作近二十年來，我在諮商室中動怒的次數，寥寥可數。而且，在這一次之前，我完全想不起來最近一次是在什麼時候。

我忍不住問自己：「為什麼會被他挑起這麼強烈的情緒？」霎時間，我豁然開朗，重新步入諮商室。

「知道我剛剛為何會突然離開嗎？」我問。

想當然爾，他一臉困惑。

「因為我覺察到自己有些不耐煩與怒氣，所以出去倒杯咖啡，緩口氣，否則無法跟你繼續談下去。」

我看著面露驚訝的他，繼續說：「我剛剛在外面的時候，一直在想，你生活周遭的人，是不是也常跟我有同樣的感覺，但是沒人敢告訴你，想告訴你，或是壓根兒不知道該怎麼跟你說，只好選擇遠離你？」

賴以為生的悲情腳本

長久累積下來的專業工作經驗告訴我，在諮商關係裡，諮商師本身就是最好的治療工具。每一個求助者，都帶著某種生命議題來到諮商室，假使那議題已經困擾或阻礙他的生命很長一段時間，往往也會在諮商室裡重現。

尤其是「關係」議題，只要諮商關係夠久、夠穩固，往往都能在諮商關係裡看見案主如何演繹他的人際互動。而身為一個諮商師，我不單只是個心理工作者，更是個活生生，帶有情感的人，與案主周邊的人一樣，會在互動過程中對他湧現情緒，如此真實而深刻。

最大的差異，是透過專業關係，我可以把我源自於互動中的真實情緒，經覺察後回饋予對方知道，並一起討論「剛剛在諮商室裡發生了什麼事？」「這歷程，與你所遇到的困境有何相似或關聯處？讓你想到什麼？」以協助案主對自己的議題有更多的洞察。

就像半年前，他開始來找我時，起初談的是求職與就業問題：大學畢業後，他每一份工作都維持不到半年，離職原因多是「他覺得同事、主管聯合起來排擠他，對他很不友善」，因此待不下去而離職。乍聽之下，會容易將問題指向「職場霸凌」，然而這樣的歸因，就算貼近事實，對他而言並無太大幫助。

穩固、信任感的諮商關係，最大的優勢就是容許冒險，於是我決定挑戰他死抓不放的「生命腳本」。

「這幾個月來，我感受到你對生活有很多不滿，認為全世界都對不起你、虧待你；其實，連同我在內，我相信你周遭很多人確實知道你的生命有多辛苦，都很想拉你一把。」

我望向他，他逃開了我的眼神，「但是卻好像怎麼拉都拉不動，無法把你從『悲情的生命腳本』中拉出來，甚至還會反過來被你一起拉著往下沉，所以很多人逃得遠遠的，你發現了嗎？」

他臉色一沉，低頭靜默了大半晌。也許，對他而言，這些話語過於殘酷。

「以前從沒人跟我說過這些……」他洩氣地說。

「也許，大家就是不想看到你現在這個表情，所以一直不願告訴你，更犯不著冒著破壞關係的風險。」

他詫異地看著我，我繼續說：「但我是你的諮商師，我有責任幫你看清楚這些。」

「即使可能會因此被你討厭。」我補完這句話，頓時諮商室裡的空氣凝結約三秒後，兩人同聲大笑。

心理師暖心分析

「老師，我的出身家境這麼糟，難道我連抱怨一下的權利也沒有？」有一次，一位案主這樣問我。

「你當然有抱怨的權利，因為那是非常重要的情緒出口，但記得：別讓『抱怨一下』不小心變成『抱怨一輩子』。」我語重心長地回應他。

這是在諮商室裡，令我印象極為深刻的一段對話。也道盡許多出生自窮苦家庭、資源相對匱乏的孩子之心聲與困境。

或許對大多數人來說，每天早上醒來三餐衣食無缺，是如此的自然而然；成績不理想，可以花錢補習或請家教，彷彿理所當然；生活中遭逢困難時，回家尋求家人的協助，動用相關資源，也早已習慣成自然。只是對某些孩子而言，這些全成了奢侈的盼望。

所以，親愛的孩子，我知道你可能會不平、會憤怒，甚至心裡浮現許許多多的

「為什麼」，並時常向蒼天抗辯：「為什麼賦予我生命，卻不給我資源？為什麼給我一個家庭，卻無法提供足夠的支持？為什麼給我一雙父母，卻不足以成為我的依靠？為什麼別人可以啣著金湯匙出生，我卻還不知道下一餐在哪裡。」這些，你都有抱怨的權利，因為你擁有的物質資源的確比人少；在追逐成就的路上，也可能比別人孤單，面對更多窘迫。

有時候，你甚至覺得：「全世界都對不起我，都欠我。」所以，你從二十歲開始控訴這世界，控訴你所處的環境，直到三十、四十、五十、六十歲，猛一回頭才發現，你的生命還停留在二十歲，後面的四十年，只不過在反覆上演著二十歲以前你為自己寫下的「悲情腳本」，如此忠實，並且持續收集符合這腳本的所有細節，例如：

「看吧！大家果然都瞧不起我，連升遷都沒有我的機會。」即使真的升遷了，也歸因於「是因為我夠資深，待得夠久，而且早該輪到我了，還不是因為我沒背景」。

「我真的很難交到朋友，誰會願意把時間耗費在我這個『人生失敗組』身上？」卻渾然無視沿途有許多人來來去去，聽你抱怨你的悲情人生，有些人還曾有過「拉你一把」的決心，只是那決心在你身上並沒有看見，只好黯然選擇放手，轉身離開。

親愛的孩子，你發現了嗎？你絕對有抱怨的權利，但請記得：別讓你的生命，只剩下抱怨。你也可以將自己的生命困境歸咎於你的父母、你的家庭，只是**他們無法為**

你的人生負責。

因為，即使他們再怎麼愧疚，怎麼補償，又如何願意幫你承受一切辛苦，終究無法代你過你的人生。而他們，也有自己無可逃離的生命課題得面對，與你我無異。

療心練習與叮嚀

• 療心練習：看見自己身上的無形資產

窮苦，是一種物質上的匱乏，**常讓我們定睛在「相較於別人，我少了什麼資源」，而忽略了「心理上，我擁有什麼資源」**。

「物質資源的匱乏」是種當下客觀存在的限制，卻反倒容易使人增長「心理資源」，成為帶得走且受用一輩子的能力，只是這一點往往在我們忙著顧影自憐時視而不見，錯失了長出能力的機會。

一、自我檢核：列出自己在困境中增長出的無形資產。

1困境中長出的優勢特質：

2困境中長出的優勢專長或能力：

3其他來自困境中的生命禮物：

二、挑選兩至三位曾用心陪伴過你的好友或長輩，敞開心胸，邀請他們給予回饋：

1他們在你身上，看見哪些無形資產？

2在與你互動過程中，有什麼感覺？如果願意給予你建議，他們有什麼話想對你說？

3表達對他們「願意陪伴」；「願意甘冒破壞關係的風險，真實坦露」的感謝。

國家圖書館預行編目資料

鋼索上的家庭：以愛，療癒父母帶來的傷／陳鴻彬. --初版. --臺北市：寶瓶文化, 2016.11　面；公分. --（vision；139）
ISBN 978-986-406-070-2（平裝）

1. 家庭衝突　2. 親子關係　3. 家庭輔導
544.18　　105019965

寶瓶 AQUARIUS

vision 139

鋼索上的家庭——以愛，療癒父母帶來的傷

作者／陳鴻彬 諮商心理師
副總編輯／張純玲

發行人／張寶琴
社長兼總編輯／朱亞君
副總編輯／張純玲
資深編輯／丁慧瑋　編輯／林婕伃・周美珊
美術主編／林慧雯
校對／張純玲・劉素芬・陳佩伶・陳鴻彬
業務經理／黃秀美
企劃專員／林歆婕
財務主任／歐素琪　業務專員／林裕翔
出版者／寶瓶文化事業股份有限公司
地址／台北市110信義區基隆路一段180號8樓
電話／(02) 27494988　傳真／(02) 27495072
郵政劃撥／19446403　寶瓶文化事業股份有限公司
印刷廠／世和印製企業有限公司
總經銷／大和書報圖書股份有限公司　電話／(02) 89902588
地址／新北市五股工業區五工五路2號　傳真／(02) 22997900
E-mail／aquarius@udngroup.com
版權所有・翻印必究
法律顧問／理律法律事務所陳長文律師、蔣大中律師
如有破損或裝訂錯誤，請寄回本公司更換
著作完成日期／二〇一六年九月
初版一刷日期／二〇一六年十一月十日
初版十一刷日期／二〇一八年十二月十日
ISBN／978-986-406-070-2
定價／三二〇元
Copyright©2016 by Chen Hung-Pin
Published by Aquarius Publishing Co., Ltd.
All Rights Reserved
Printed in Taiwan.

愛書人卡

感謝您熱心的為我們填寫，
對您的意見，我們會認真的加以參考，
希望寶瓶文化推出的每一本書，都能得到您的肯定與永遠的支持。

系列：Vision 139　**書名：鋼索上的家庭——以愛，療癒父母帶來的傷**

1. 姓名：＿＿＿＿＿＿　性別：□男　□女
2. 生日：＿＿年＿＿月＿＿日
3. 教育程度：□大學以上　□大學　□專科　□高中、高職　□高中職以下
4. 職業：＿＿＿＿＿＿
5. 聯絡地址：＿＿＿＿＿＿＿＿＿＿＿＿

   聯絡電話：＿＿＿＿＿＿　手機：＿＿＿＿＿＿
6. E-mail信箱：＿＿＿＿＿＿＿＿＿＿

   □同意　□不同意　免費獲得寶瓶文化叢書訊息
7. 購買日期：＿＿年＿＿月＿＿日
8. 您得知本書的管道：□報紙／雜誌　□電視／電台　□親友介紹　□逛書店　□網路　□傳單／海報　□廣告　□其他
9. 您在哪裡買到本書：□書店，店名＿＿＿＿＿　□劃撥　□現場活動　□贈書

   □網路購書，網站名稱：＿＿＿＿＿　□其他＿＿＿＿＿
10. 對本書的建議：（請填代號　1. 滿意　2. 尚可　3. 再改進，請提供意見）

    內容：＿＿＿＿＿＿＿＿＿＿

    封面：＿＿＿＿＿＿＿＿＿＿

    編排：＿＿＿＿＿＿＿＿＿＿

    其他：＿＿＿＿＿＿＿＿＿＿

    綜合意見：＿＿＿＿＿＿＿＿＿＿＿＿
11. 希望我們未來出版哪一類的書籍：＿＿＿＿＿＿＿＿＿＿

讓文字與書寫的聲音大鳴大放

寶瓶文化事業股份有限公司

（請沿此虛線剪下）

廣 告 回 函
北區郵政管理局登記
證北台字15345號
免貼郵票

寶瓶文化事業股份有限公司收

110台北市信義區基隆路一段180號8樓

8F,180 KEELUNG RD.,SEC.1,

TAIPEI.(110)TAIWAN R.O.C.

（請沿虛線對折後寄回，或傳真至02-27495072。謝謝）